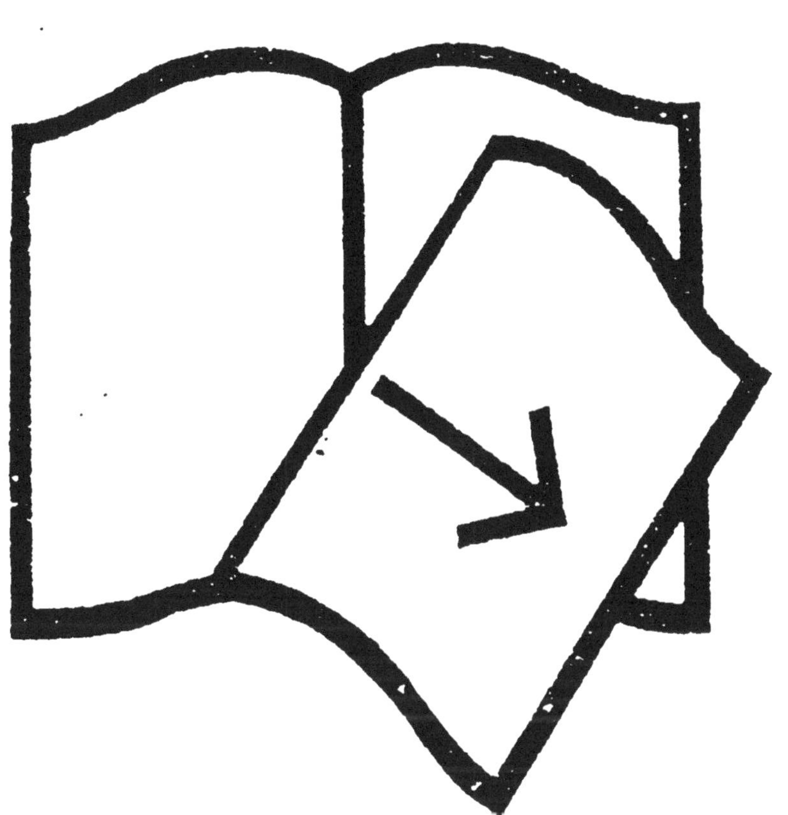

Couverture supérieure manquante

LE MYSTÈRE CHRÉTIEN

ET

LES MYSTÈRES ANTIQUES

ŒUVRES DE ÉDOUARD SCHURÉ

Les Grands Initiés. — Esquisse de l'histoire secrète des religions. — Rama. — Krishna. — Hermès. — Moïse. — Orphée. — Pythagore. — Platon. — Jésus. — 15e édition. 1 fort volume in-16. . . 3 fr. 50

Sanctuaires d'Orient. — Égypte, Grèce, Palestine. 3e édition. 1 volume in-16 . . . . 3 fr. 50

La Prêtresse d'Isis. Légende de Pompéi. 3e édition. 1 volume in-16 . . . . 3 fr. 50

Les Grandes Légendes de France. — Les légendes de l'Alsace. — La Grande-Chartreuse. — Le mont Saint-Michel et son histoire. — Les légendes de la Bretagne et le génie celtique. 5e édition. 1 volume in-16. . . . . 3 fr. 50

Le Drame musical. — **Richard Wagner**, son œuvre et son idée. 6e édition augmentée des *Souvenirs sur Richard Wagner*. 1 volume in-16 . . . 3 fr. 50

Histoire du drame musical. 5e édition. 1 volume in-16. . . . . 3 fr. 50

Souvenirs sur Richard Wagner. — La première de *Tristan et Iseult*. Brochure in-16. . . . . . 1 fr. »

L'Ange et la Sphinge, roman. 1 volume in-16. 3 fr. 50

Le Double, roman. 1 volume in-16 . . . . *Épuisé.*

Le Théâtre de l'âme (1re série). — *Les Enfants de Lucifer*, drame en cinq actes, et *La Sœur gardienne*, drame en quatre actes. 1 volume in-16. . 3 fr. 50

Le Théâtre de l'âme (2e série). — *La Roussalka* (drame moderne). — *L'Ange et la Sphinge* (légende dramatique). 1 volume in-16. . . . . 3 fr. 50

Le Théâtre de l'âme (3e série). — *Léonard de Vinci*, précédé du *Rêve Eleusinien à Taormina*, drame en cinq actes. 1 volume in-16 . . . . . 3 fr. 50

Histoire du Lied, ou *La Chanson populaire en Allemagne*. Nouvelle édition. 1 volume in-16 . . 3 fr. 50

La Vie mystique. Poèmes. — Sur le Seuil. — La Muse d'Eleusis. — La Courtisane et le Rischi. — L'épreuve du Pharaon. — Empédocle. 1 volume in-16. . . . . 3 fr. 50

Précurseurs et Révoltés. — Prélude au dix-neuvième siècle. — Les Souffrants. — Les Chercheurs d'avenir. — Prophètes et Voyants. 3e édition. 1 volume in-16. . . . . 3 fr. 50

Femmes inspiratrices et Poètes annonciateurs. — Mathilde Wesendonk. — Cosima Liszt. — Marguerite Albana-Mignaty. — Charles de Pomairols. — Mme Ackermann. — Louis Le Cardonnel. — Alexandre Saint-Yves. 1 volume in-16. 3 fr. 50

RUDOLF STEINER

LE MYSTÈRE CHRÉTIEN ET LES MYSTÈRES ANTIQUES

Traduit de l'allemand et précédé d'une Introduction

PAR

ÉDOUARD SCHURÉ

PARIS
LIBRAIRIE ACADÉMIQUE
PERRIN ET Cie, LIBRAIRES-ÉDITEURS
35, QUAI DES GRANDS-AUGUSTINS, 35
1908

INTRODUCTION

PAR **Édouard SCHURÉ**

Parmi les ouvrages récents sur l'origine et la portée du christianisme, aucun ne m'a frappé comme celui de Rudolf Steiner.

Le Mystère chrétien et les mystères antiques[1], ce titre indique à lui seul la nouveauté du point de vue où se place l'auteur. Voici donc une étude singulièrement précise et documentée de ce que fut l'initiation secrète dans les religions antiques, notamment en Égypte et en Grèce, et de ce qu'elle est devenue dans le christianisme par son fondateur Jésus et par ses successeurs.

1. L'original allemand s'intitule: *Le Christianisme comme fait mystique* (Das Christenthum als mystische Thatsache, Schwetschke. Berlin, 1902). Pour la traduction française, j'ai adopté le titre : *Le Mystère chrétien et les mystères antiques* qui définit plus nettement l'idée et le sujet du livre.

Cette étude est faite par un homme, qui a vécu en lui-même le phénomène mystique et religieux dans ce qu'il a de plus profond et de plus transcendant, mais qui, pour l'appliquer à l'histoire, s'arme des méthodes rigoureuses empruntées aux sciences naturelles et à la philosophie moderne.

De ces trois méthodes, concentrées en un seul foyer, il résulte quelque chose de surprenant. Je ne puis en comparer l'effet qu'à l'éclair éblouissant produit par ces bandes d'aluminium que les guides font flamber dans les cryptes des temples égyptiens. On tâtonne, on trébuche dans l'obscurité profonde d'un caveau, mais à peine le fil de métal a-t-il pris feu, au toucher du phosphore, qu'une fusée de lumière blanche fouille les ténèbres épaisses de la crypte et fait saillir de ses quatre murs et du plafond les vieilles peintures qui les recouvrent. Ainsi plus d'une fois, en lisant ce livre discret, qui s'abstient modestement de conclure, voit-on s'éclairer l'arcane du christianisme, la crise présente qu'il traverse et les premiers linéaments de sa figure nouvelle s'ébaucher dans les limbes de l'avenir.

Cet avenir vaut la peine qu'on s'en occupe.

La situation présente de l'humanité, au point de vue religieux, n'est pas moins grave qu'elle ne l'était aux quatre premiers siècles de notre ère. Alors, il s'agissait de savoir si le christianisme l'emporterait sur le paganisme encore si puissant. Aujourd'hui, les penseurs les plus avancés se demandent si le christianisme restera la religion dominante de l'humanité ou s'il sera remplacé par d'autres formes religieuses d'un nom et d'un esprit différents.

C'est parce que le livre de Rudolf Steiner ouvre sur cette question vitale des perspectives inattendues que je lui trouve une importance de premier ordre. Avant d'en tirer les conclusions décisives, je voudrais donner une idée de la haute personnalité de l'auteur en essayant d'esquisser le développement intellectuel et spirituel qui l'a mené au point central de sa pensée et de son action.

I. — La personnalité de Rudolf Steiner et son développement.

Les hommes les plus cultivés de notre époque se font généralement une idée très fausse de ce qu'est un véritable mystique et un véritable occultiste. Ils ne connaissent ces deux formes de la mentalité humaine que par leurs types incomplets ou dégénérés, dont les derniers temps n'ont fourni que trop d'exemples. Pour l'intellectuel d'aujourd'hui, le mystique est une sorte de fou et d'halluciné, qui prend ses chimères pour des réalités ; l'occultiste est un rêveur ou un charlatan, qui abuse de la crédulité publique pour se targuer d'une science illusoire et de pouvoirs simulés. Remarquons d'abord que cette définition du mysticisme, méritée par quelques-uns, serait aussi injuste qu'erronnée si on prétendait l'appliquer à des personnalités comme Joachim del Fiore au treizième siècle, comme Jacob Boehm au seizième ou comme saint Martin qu'on appelle « le philosophe inconnu » du dix-huitième siècle. Non moins injuste et fausse serait la définition courante de l'occultiste, si on y voyait le moindre rapport avec des chercheurs acharnés comme Paracelse, Mesmer ou Fabre d'Olivet dans le passé, comme William Crookes, de Rochas ou Camille Flammarion dans le présent. Qu'on pense ce qu'on voudra de ces hardis investigateurs, il est incontestable qu'ils ont ouvert des régions inconnues à la science et armé l'esprit d'idées nouvelles.

Non, ces définitions fantaisistes peuvent satisfaire tout au plus le dilettantisme scientifique, qui couvre sa légèreté d'un masque hautain pour défendre sa paresse, ou le scepticisme mondain qui harcèle de son ironie tout ce qui menace de l'arracher à son indifférence. Laissons-là ces jugements superficiels. Consultons l'histoire, les livres sacrés et profanes de tous les peuples et les derniers résultats de la science expérimentale, soumettons tous ces faits à une critique impartiale en concluant des effets semblables à des causes identiques — et nous serons forcés de donner du mystique et de l'occultiste une tout autre définition.

Le véritable mystique est un homme qui entre en pleine possession de toute sa vie intérieure et qui, devenu conscient de sa subconscience, y trouve, par la méditation concentrée et par une discipline réglée, des facultés et des lumières nouvelles. Ces facultés et ces lumières l'éclairent sur la nature intime de son âme et sur ses rapports avec cet élément impalpable qui est au fond de tout, avec cette réalité éternelle et suprême que la religion appelle Dieu et la poésie le Divin. — L'occultiste, parent du mystique mais différant de lui comme un frère cadet de son aîné, est un homme doué d'intuition et de synthèse qui cherche à pénétrer les arrière-fonds, et les dessous de la nature avec les méthodes de la science et de la philosophie, c'est-à-dire par l'observation et la raison, méthodes invariables dans leurs principes mais qui se modifient, dans l'application, en s'adaptant aux règnes descendants de l'Esprit ou aux règnes ascendants de la Nature, selon l'immense hiérarchie des êtres et l'alchimie du Verbe créateur.

Le mystique est donc celui qui cherche la vérité et le divin directement en lui-même, par un dégagement graduel et un véritable enfantement de son âme supérieure. S'il y parvient après un long effort, il plonge à son centre incandescent. Alors il s'immerge et s'identifie avec cet océan de vie qui est la Force primordiale.

L'occultiste, par contre, découvre, étudie et contemple ce même Divin épars, répandu à doses diverses, dynamisé et multiplié à l'infini dans la Nature et dans l'Humanité. D'après le mot profond de Paracelse, *il voit, dans tous les êtres, les lettres d'un alphabet, qui, jointes dans l'homme, forment le verbe complet et conscient de la vie.* Les analyses minutieuses qu'il en fait, les synthèses qu'il en constitue, sont pour lui comme autant d'images et de pressentiments de ce Divin central, de ce soleil de Beauté, de Vérité et de Vie qu'il ne voit pas, mais qui se reflète et se brise à ses yeux en d'innombrables miroirs.

Les armes du mystique sont la concentration et la vision intérieure ; les armes de l'occultiste sont l'intuition et la synthèse. L'un répond à l'autre ; ils se complètent et se présupposent.

Ces deux types humains se confondent dans l'adepte, dans l'initié supérieur. Nul doute que l'un ou l'autre et souvent les deux se rencontrent chez les fondateurs des grandes religions et des plus hautes philosophies. Nul doute aussi qu'on les retrouve, à un degré moindre mais encore très remarquable, chez un certain nombre de personnages qui jouèrent de grands rôles dans l'histoire, réformateurs, penseurs, poètes, artistes, hommes d'État.

Pourquoi donc ces deux mentalités, qui représentent les plus hautes facultés humaines et qui furent jadis l'objet d'une vénération universelle, ne nous apparaissent-elles plus en général que déformées et travesties ? Pourquoi se sont-elles oblitérées ? Pourquoi devaient-elles tomber dans un tel discrédit ?

Cela tient à une cause profonde qui réside dans une nécessité inéluctable de l'évolution humaine.

Depuis deux mille ans déjà, mais surtout depuis le seizième siècle, l'humanité accomplit un travail formidable, à savoir la conquête du globe et la constitution de la science expérimentale, en ce qui concerne le monde matériel et visible.

Pour mener à bonne fin ce travail d'Hercule et de Titan, il fallait une éclipse temporaire des facultés transcendantes de l'homme, afin de concentrer toute sa puissance d'observation sur le monde extérieur. Toutefois ces facultés n'ont jamais été ni éteintes ni même inactives. Elles sommeillent dans la foule, elles veillent dans une élite, loin des regards du vulgaire. Aujourd'hui, elles se montrent au grand jour sous des formes nouvelles. Elles vont prendre sous peu une importance capitale et directrice dans les destinées humaines. J'ajoute qu'à aucune époque de l'histoire, pas plus chez les peuples de l'ancien cycle aryen que dans les civilisations sémitiques de l'Asie et de l'Afrique, pas plus dans le monde gréco-latin qu'au moyen âge et aux temps modernes, ces facultés royales, auxquelles le positivisme voudrait substituer sa sèche nomenclature, n'ont cessé d'agir à l'origine et à l'arrière-plan de toutes les grandes créations humaines et de tout travail fécond. Car comment imaginer un penseur, un poète, un inventeur, un héros, un maître de la science ou de l'art, un génie quelconque, sans un rayon puissant de ces deux facultés maîtresses, qui font le mystique et l'occultiste : — la voyance intérieure et l'intuition souveraine ?

*
* *

Rudolf Steiner est à la fois un mystique et un occultiste. Ces deux natures apparaissent chez lui en un parfait accord. On ne saurait dire laquelle des deux prédomine sur l'autre. En se pénétrant et en se fondant, elles sont devenues une force homogène. De là un développement particulier où les événements extérieurs n'ont joué qu'un rôle secondaire.

Le docteur R. Steiner est né dans la haute Autriche, en 1861. Ses premières années s'écoulèrent dans une petite ville située sur la Leytha, aux confins de la Styrie, des Carpathes et de la Hongrie. Dès l'enfance, sa nature fut grave et concentrée. Elle lui réservait une adolescence intérieurement illuminée des plus merveilleuses intuitions, une jeunesse traversée d'épreuves redoutables et un âge mûr couronné d'une mission qu'il entrevit dès l'aube de son existence, mais qui ne se formula que peu à peu dans la lutte pour la vérité et la vie.

Cette adolescence, passée dans une région montagneuse et retirée, fut heureuse à sa manière, grâce aux facultés exceptionnelles qu'il se découvrit. On l'employa dans une église catholique comme enfant de chœur. La poésie du culte, la profondeur des symboles l'attirait mystérieusement, mais, comme il avait le don inné de *voir les âmes*, une chose l'effraya. Ce fut l'incrédulité secrète des prêtres uniquement préoccupés du rite et de la partie matérielle du culte. Autre singularité : jamais personne, ni alors ni plus tard, ne se permit de parler devant lui d'une superstition grossière ou de proférer un blasphème, comme si ces yeux calmes et pénétrants imposaient à l'interlocuteur le sérieux de la pensée. En cet enfant, presque toujours muet, grandissait une volonté silencieuse et inflexible, celle de se rendre maître des choses par l'intelligence. Cela lui fut plus facile qu'à d'autres, car il possédait de naissance cette maîtrise de soi, si rare même chez l'adulte, et qui donne la maîtrise des autres. A cette volonté fixe il joignait une sympathie intime, profonde, presque douloureuse, une sorte de tendresse apitoyée pour tous les êtres, et même pour la nature inanimée. Il lui semblait que toutes les âmes avaient en elles quelque chose de divin. Mais dans quelle gangue épaisse se cachait la paillette d'or ! Dans quelle roche dure, dans quelles ténèbres sommeillait l'essence précieuse ! Vaguement encore tressaillait en lui cette idée — il devait la développer plus tard — que l'âme divine existe dans tous les hommes, mais à l'état latent. C'est une captive endormie qu'il s'agit de *désensorceler*. Aux yeux de cet adolescent pensif, les âmes humaines devenaient transparentes avec leurs troubles, leurs désirs, leurs convulsions de haine ou d'amour. Et probablement était-ce à cause des choses terribles qu'il apercevait qu'il parlait si peu.

Que de jouissances cependant, inconnues du monde, découlaient de cette involontaire clairvoyance. Parmi les remarquables révélations intérieures du jeune homme, je n'en citerai qu'une extrêmement caractéristique.

Les immenses plaines de la Hongrie, les forêts sauvages des Carpathes, les vieilles églises de ces montagnes où l'ostensoir reluit seul comme un soleil dans les ténèbres du sanctuaire, n'y furent pour rien ; mais elles favorisaient la méditation et le recueillement. A l'âge de quinze ans, R. Steiner fit la connaissance d'un savant botaniste de passage en son pays. La particularité de cet homme était qu'il ne connaissait pas seulement les espèces, les familles et la vie des plantes dans leurs moindres détails, mais aussi leurs vertus secrètes. On eût dit qu'il avait passé sa vie à converser avec l'âme inconsciente et fluide des herbes et des fleurs. Il avait le don de voir le principe vital des plantes, leur corps éthérique et ce que l'occultisme appelle les élémentaux du monde végétal. Il en parlait comme d'une chose courante et toute naturelle. Le ton rassis et froidement scientifique de sa conversation ne fit qu'exciter davantage la curiosité et l'admiration du jeune homme. Steiner sut plus tard que cet homme étrange était un envoyé du Maître qu'il ne connaissait pas encore, mais qui devait être son véritable initiateur et qui déjà le surveillait de loin.

Ce que le bizarre botaniste à double vue lui avait dit, le jeune Steiner le trouva conforme à la logique des choses. Cela ne faisait que confirmer un sentiment intérieur qu'il avait depuis longtemps et qui s'imposait de plus en plus à son esprit comme la Loi fondamentale et comme la base du Grand-Tout. A savoir : *le double courant qui constitue le mouvement même du monde* et qu'on pourrait appeler *le flux et le reflux de la vie universelle.*

Tous nous sommes témoins et nous avons conscience du courant extérieur de *l'évolution*, qui entraîne tous les êtres du ciel et de la terre, astres, plantes, animaux, humanité, et fait qu'ils se meuvent en avant vers un avenir infini, sans que nous apercevions la force initiale qui les pousse et les fait marcher sans cesse ni repos. Mais il y a dans l'univers *un courant inverse*, qui s'interfère et s'introduit perpétuellement dans l'autre. C'est celui de *l'involution*, par lequel les principes, les forces, les entités et les âmes qui viennent du monde invisible et du règne de l'Éternel s'infiltrent et s'ingèrent sans cesse dans la réalité visible. Aucune évolution de la matière ne serait compréhensible sans cette perpétuelle involution de l'Esprit, sans ce courant occulte et astral, qui est le grand propulseur de la vie avec sa hiérarchie de puissances. Ainsi l'Esprit qui contient l'avenir en germe, *s'involue* dans la matière ; ainsi la matière, qui reçoit l'Esprit, *évolue* vers l'avenir. Donc, tandis que nous marchons aveuglément vers l'avenir inconnu, cet avenir marche vers nous consciemment en s'infusant au cours du monde et de l'homme qui l'élaborent. *Tel est le double mouvement du Temps, le respir et l'aspir de l'Ame du monde, qui vient de l'Éternel et y retourne.*

Dès l'âge de dix-huit ans, le jeune Steiner eut le sentiment spontané de ce double courant, sentiment qui est la condition de toute vision spirituelle. Cet axiome vital s'était imposé à lui par une vue directe et involontaire des choses. Il eut dès lors la sensation irréfragable de puissances occultes qui agissaient derrière lui et à travers lui pour le diriger. Il écoutait cette force et suivait ses avertissements, car il se sentait en accord profond avec elle.

Cependant ce genre de perception formait dans sa vie intellectuelle une catégorie à part. Cet ordre de vérités lui paraissait quelque chose de si profond, de si mystérieux et de si sacré, qu'il n'imaginait pas pouvoir l'exprimer jamais en paroles. Il en nourrissait son âme comme d'une source divine, mais en répandre une goutte au dehors lui eût semblé une profanation.

A côté de cette vie intérieure et contemplative, son esprit rationnel et philosophique se développait puissamment. De quinze à seize ans, Rudolf Steiner s'était plongé dans l'étude de Kant, de Fichte et de Schelling. Venu à Vienne quelques années après, il se passionna pour Hegel, dont l'idéalisme transcendant arrive jusqu'aux confins de l'occultisme : mais la philosophie spéculative ne lui suffisait pas. Son esprit positif réclamait la base solide des sciences d'observation. Il étudia donc à fond les mathématiques, la chimie, la minéralogie, la botanique et la zoologie. « Ces études, dit-il, fournissent pour la construction d'un système spirituel de l'univers une base bien plus sûre que l'histoire et la littérature. Celles-ci, dépourvues de méthodes précises, n'offraient alors aucune échappée lumineuse dans le vaste domaine de la science allemande. » Curieux de tout, épris de grand art et enthousiaste de la poésie, Steiner ne négligea pas cependant les études littéraires. Il trouva pour l'y guider un excellent professeur en la personne de Julius Schröer, savant distingué de l'école des frères Grimm, qui s'appliquait à développer chez ses élèves l'art de la parole et de la composition. Le jeune étudiant dut à cet homme distingué sa haute et fine culture littéraire. « Dans le désert du matérialisme contemporain, dit Steiner, sa maison fut pour moi une oasis d'idéalisme. »

Mais ce n'était pas encore le Maître qu'il cherchait. Au milieu de ces études variées et de ces méditations intenses, il n'apercevait encore l'édifice de l'univers que par fragments ; son intuition innée l'empêchait de douter du fond divin des choses et d'un au-delà spirituel. Signe distinctif de cet homme extraordinaire, jamais il ne connut une de ces crises de doute et de désespoir qui forment l'ordinaire transition à une conviction définitive, dans la vie des mystiques et des penseurs. Il sentait cependant que la lumière centrale, celle qui éclaire et pénètre le tout, lui manquait encore. La jeunesse était venue avec ses problèmes terribles. Qu'allait-il faire de sa vie ? Le sphinx de la destinée se campait devant lui. Comment allait-il résoudre son problème ?

Ce fut à dix-neuf ans que l'aspirant aux mystères rencontra son guide — le Maître — depuis longtemps pressenti.

C'est un fait constant, admis par la tradition occulte et confirmé par l'expérience, que ceux qui cherchent la vérité supérieure d'un désir impersonnel trouvent un maître pour les initier, au moment propice, c'est-à-dire quand ils sont mûrs pour la recevoir. « Frappez et on vous ouvrira, » dit Jésus. Cela est vrai pour toute chose, mais surtout pour la vérité. Seulement, il faut que le désir soit ardent comme une flamme, dans une âme pure comme un cristal.

Le maître de Rudolf Steiner était un de ces hommes puissants qui vivent, inconnus du monde, sous le masque d'un état civil quelconque, pour accomplir une mission dont seuls se doutent leurs égaux dans la confrérie des maîtres renonciateurs. Ils n'agissent pas ostensiblement sur les événements humains. L'incognito est la condition de leur force, mais leur action n'en est que plus efficace. Car ils suscitent, préparent et dirigent ceux qui agiront aux yeux de tous. Dans le cas présent, le maître n'eut pas de peine à compléter l'initiation première et spontanée de son disciple. Il n'eut pour ainsi dire qu'à lui montrer le doigté de sa propre nature pour l'armer de ses outils nécessaires. Lumineusement il lui montra le lien des sciences officielles et secrètes, des religions et des forces spirituelles qui se disputent actuellement la direction de l'humanité, l'antiquité de la tradition occulte qui tient les fils cachés de l'histoire, qui les mêle, les sépare et les renoue dans le cours des siècles. Rapidement il lui fit franchir les étapes successives de la discipline intérieure pour atteindre la clairvoyance consciente et raisonnée. En peu de mois, le disciple connut, par l'enseignement oral, la profondeur et la splendeur incomparable de la synthèse ésotérique. Déjà Rudolf Steiner s'était tracé à lui-même sa mission intellectuelle : « Renouer la Science et la Religion. Faire rentrer Dieu dans la Science et la Nature dans la Religion. Par là féconder à nouveau l'Art et la Vie. » Mais comment aborder cette tâche immense et téméraire ? Comment vaincre, ou plutôt comment apprivoiser et convertir le grand ennemi, la science matérialiste d'aujourd'hui, qui ressemble à un dragon formidable, revêtu de sa carapace et couché sur son immense trésor ? Comment dompter ce dragon de la science moderne et l'atteler au char de la vérité spirituelle ? Et surtout, comment vaincre le taureau de l'opinion publique ?

Le maître de Rudolf Steiner ne lui ressemblait guère. Il n'avait pas cette sensibilité profonde et féminine, qui n'exclut pas l'énergie, mais qui fait de tout contact une émotion et convertit immédiatement la souffrance des autres en une douleur personnelle. C'était un mâle de l'Esprit, un dompteur redoutable, qui ne voit que l'espèce et pour lequel les individus existent à peine. Il ne se ménageait pas lui-même et ne ménageait pas les autres. Sa volonté ressemblait à un boulet, qui, une fois sorti de la bouche du canon, va droit à son but et balaye tout sur son passage. Aux questions inquiètes de son disciple, il répondit en substance :

« Si tu veux combattre l'Ennemi, commence par le comprendre. Tu ne vaincras le Dragon qu'en entrant dans sa peau. Quant au Taureau, il faut le prendre par les cornes. C'est au plus fort de la détresse que tu trouveras tes armes et tes frères de combat. Je t'ai montré qui tu es, maintenant va — et reste toi-même ! »

Rudolf Steiner connaissait suffisamment la langue des maîtres pour deviner l'âpre chemin que lui imposait cet ordre ; mais il comprit aussi que c'était l'unique moyen d'atteindre le but. Il obéit et se mit en route.

*
* *

A partir de 1880, la vie de Rudolf Steiner se divise en trois périodes bien distinctes. De 20 à 30 ans (1881-1891) la période de Vienne, temps d'étude et de préparation. — De 30 à 40 ans (1891-1901) la période de Weimar, temps de lutte et de combat. — De 40 à 46 ans (1901-1907) la période de Berlin, temps d'action et d'organisation, où sa pensée se cristallise dans une œuvre vivante.

Je passe rapidement sur la période de Vienne, où Steiner prit le grade de docteur en philosophie. Il écrivit ensuite une série d'articles scientifiques sur la zoologie, la géologie et la théorie des couleurs, où des idées théosophiques apparaissent sous un vêtement idéaliste. Tout en exerçant le préceptorat dans plusieurs familles avec ce dévouement consciencieux qu'il apporte en toute chose, il dirigea, comme rédacteur en chef, une feuille hebdomadaire de Vienne, la *Deutsche Wochenschrift*. Son amitié avec la poétesse autrichienne Marie Eugénie delle Grazie jeta dans cette période de lourds travaux comme un chaud rayon de soleil avec un sourire de grâce et de poésie.

En 1890, Steiner fut appelé à collaborer aux archives de Gœthe et de Schiller, à Weimar, pour surveiller la réédition des œuvres scientifiques de Goethe. Peu après il publiait deux écrits importants, *Vérité et Science* et *Philosophie de la liberté*. « Les puissances occultes qui me dirigeaient, dit-il, m'obligeaient à faire pénétrer insensiblement des idées spiritualistes dans les courants de l'époque. » Mais, dans ces besognes diverses, il ne faisait qu'étudier son terrain en essayant ses forces. Si lointain était le but qu'il n'imaginait pas encore pouvoir l'atteindre. Faire le tour du monde dans une barque à voile, traverser l'Atlantique, le Pacifique et l'Océan Indien pour revenir dans un port d'Europe, lui eût semblé plus facile. En attendant les événements qui devaient lui permettre d'armer son navire et de le lancer en pleine mer, il entra en contact avec deux personnalités illustres qui servirent à son orientation intellectuelle dans le monde contemporain.

Ces deux personnes furent le célèbre philosophe Frédéric Nietzsche et le non moins fameux naturaliste Ernest Hæckel.

Rudolf Steiner venait de faire une conférence impartiale sur l'auteur de *Zarathoustra*. A ce propos, la sœur de Nietzsche pria le critique sympathique de venir la trouver à Naumburg, où son malheureux frère agonisait lentement. Mme Foerster conduisit le visiteur à la porte de l'appartement, où Nietzsche reposait sur une chaise longue dans un état comateux, inerte, hébété. Ce spectacle attristant eut pour R. Steiner quelque chose de singulièrement significatif. Il y vit le dernier acte de la tragédie du surhomme manqué.

L'auteur d'*Au delà du Bien et du Mal* n'avait pas, comme les réalistes de l'impérialisme bismarckien, renoncé à l'idéalisme, car c'était un intuitif de génie, mais dans son orgueil individualiste il avait prétendu retrancher le monde spirituel de l'univers et le divin de la conscience humaine. Au lieu de placer le surhomme, dont il avait la vision poétique, dans le domaine spirituel, qui est sa sphère propre, il voulut le faire entrer de force dans le monde matériel, seul réel à ses yeux. De là, dans cette magnifique intelligence, un chaos d'idées et une lutte sauvage qui provoqua à la longue un ramollissement du cerveau. Pour expliquer ce cas particulier, il n'est pas nécessaire de faire intervenir l'atavisme et la théorie de la dégénérescence. Le combat frénétique des idées et des sentiments contraires, dont ce cerveau fut le champ de bataille, y suffit. Steiner avait rendu justice à tout ce qu'il y a de génial dans les idées novatrices de Nietzsche Mais, ce vaincu de l'orgueil, ce suicidé de la négation, n'en fut pas moins pour lui un exemple tragique de l'anarchie d'une grande intelligence qui se détruit elle-même avec rage en s'arrachant le sens spirituel.

Mme Foerster ne négligea rien pour enrôler le docteur Steiner sous le drapeau de son frère. Elle y employa toute son habileté, offrant à plusieurs reprises au jeune publiciste de devenir l'éditeur et le commentateur des œuvres de Nietzsche. Steiner se défendit de son mieux contre cette insistance, et finit par se dérober tout à fait, ce que Mme Foerster ne lui pardonna jamais. Elle ne savait pas que Rudolf Steiner portait en lui-même la conscience d'une œuvre non moins grande et autrement féconde que celle de son frère.

Nietzsche n'avait été qu'un épisode intéressant dans la vie du penseur ésotérique, au seuil de son arène de combat. La rencontre du célèbre naturaliste Ernest Hæckel marque au contraire une phase capitale dans le développement de sa pensée. Le successeur de Darwin n'était-il pas en apparence le plus formidable adversaire du spiritualisme de ce jeune initié, de cette philosophie qui était pour lui plus qu'une hypothèse, qui formait comme l'essence de son être et la respiration de sa pensée ? En effet, depuis que le fil rompu entre l'homme et l'animal a été renoué, depuis que l'homme ne peut plus croire à une origine spéciale et surnaturelle, il s'est mis à douter radicalement de son origine et de sa destinée divines. Il ne se voit plus que comme un phénomène parmi tant de phénomènes, forme passagère au milieu de tant de formes, chaînon fragile et hasardeux de l'aveugle évolution. Steiner a donc raison de dire : « La mentalité qui dérive des sciences naturelles est la plus grande puissance des temps nouveaux. » D'autre part, il savait que ce système ne reproduit que la succession des formes extérieures chez les êtres vivants, mais non les forces internes et agissantes de la vie. Il le savait par initiation personnelle et par une vue de l'univers plus profonde et plus vaste. Aussi pouvait-il s'écrier avec plus de conviction que la plupart de nos spiritualistes timides et de nos théologiens effarouchés : « L'âme humaine doit-elle donc s'élever sur les ailes de l'enthousiasme jusqu'aux cimes du Vrai, du Beau et du Bien pour être balayée dans le néant comme une écume du cerveau ? » Oui, Hæckel était l'Adversaire. C'était le matérialisme armé, le Dragon avec toutes ses écailles, ses griffes et ses dents.

Le désir de Steiner de comprendre cet homme et de lui rendre justice en ce qu'il a de grand, de pénétrer sa théorie en ce qu'elle a de logique et de plausible n'en fut que plus intense. En ce fait apparaît toute la loyauté et toute la largeur de son esprit compréhensif.

Les conclusions matérialistes de Hæckel ne pouvaient avoir aucune prise sur ses idées, qui lui venaient d'une autre science, mais il avait le pressentiment que dans les découvertes incontestables du naturaliste il trouverait la base la plus sûre d'un spiritualisme évolutif et d'une théosophie rationnelle.

Il se mit donc à étudier avec passion *l'Histoire de la création naturelle*. Hæckel y donne un tableau saisissant de l'évolution des espèces depuis les amibes jusqu'à l'homme. Il y montre la croissance successive des organes et le processus physiologique par lequel les êtres vivants se sont élevés à des organismes de plus en plus complexes et de plus en plus parfaits. Mais dans cette prodigieuse transformation, qui suppose des millions et des millions d'années, il n'explique jamais la force initiale de cette ascension universelle et pas davantage la série des impulsions particulières qui font monter les êtres de degrés en degrés. A ces questions primordiales,

Hæckel n'a jamais pu répondre qu'on admettant la génération spontanée[1] ce qui équivaut à un miracle aussi grand que la création de l'homme par Dieu avec une motte de terre. Pour un théosophe comme Steiner, par contre, la force cosmique qui élabore le monde comprend dans ses sphères, emboîtées les unes dans les autres, les myriades d'âmes et d'entités qui se cristallisent et s'incarnent perpétuellement dans tous les êtres. Lui, qui voyait *le dessous* de la création, devait reconnaître et admirer l'ampleur du regard circulaire par lequel Hæckel embrassait son *dessus*. Le naturaliste avait beau nier l'auteur divin du plan universel, il le prouvait, malgré lui, en décrivant si bien son œuvre. Quant au théosophe, il saluait, dans l'onde des espèces et dans le souffle qui les soulève, l'homme en devenir, la pensée même de Dieu, l'expression visible du Verbe planétaire[2].

1. Discours prononcé à Paris le 28 août 1878. Voyez aussi *l'Histoire de la création naturelle* de Hæckel, 13e leçon.
2. Voici comment le docteur Steiner caractérise lui-même le célèbre naturaliste allemand : « La personnalité de Hæckel est séduisante. Elle forme le contraste le plus absolu avec *le ton* de ses écrits. Si Hæckel avait étudié seulement un peu la philosophie, dont il parle non pas même comme un dilettante mais comme un enfant, il aurait tiré de ses études phylogénétiques les plus hautes conclusions spiritualistes. La doctrine de Hæckel est grande, mais Hæckel lui-même est le plus mauvais commentateur de sa doctrine. Ce n'est pas en montrant à nos contemporains les faiblesses de la doctrine de Hæckel qu'on sert le progrès intellectuel, mais en leur montrant la grandeur de sa pensée phylogé-

Poursuivant ainsi ses études, Rudolf Steiner se souvint de la parole de son maître : « Pour vaincre le Dragon, il faut entrer dans sa peau. » En se glissant dans la carapace du matérialisme contemporain, il s'était emparé de ses armes. Désormais il était prêt au combat. Il ne lui manquait qu'un terrain d'action pour livrer sa bataille et une aide puissante pour l'y soutenir.

Il devait trouver son terrain dans *la Société théosophique* et son aide dans une femme supérieure.

nétique. » — Steiner a développé ces idées en deux ouvrages : *Welt und Lebensanschaungen im 19ten Jahrhundert* (Théories de l'univers et de la vie au dix-neuvième siècle) et *Hæckel und seine Gegner* (Hæckel et ses adversaires).

II. — Les deux traditions occultes.

L'initiation en Orient et en Occident.

En 1897, Rudolf Steiner était venu à Berlin pour diriger un magazine littéraire et y faire des conférences. Il y rencontra *la Société théosophique*. C'est ici le lieu de dire quelques mots sur l'origine et le rôle de cette société. Cela est indispensable pour comprendre la place importante qu'y devait prendre le docteur Steiner et la situation tout à fait indépendante qu'il y occupe.

La Société théosophique compte aujourd'hui trente-trois ans d'existence, car sa fondation remonte à l'année 1875. Elle a pris, en ces derniers temps, une grande importance, et, en dépit des étrangetés, des fautes et des tâtonnements qui ont signalé ses débuts, on peut dire qu'elle s'impose aujourd'hui à l'attention comme un des symptômes les plus nouveaux de notre époque et comme une tentative grosse d'avenir[1]. Fondée par une Russe, Mme Hélène Blavatzki et par un Américain, le colonel Olcott, actuellement présidée par une Anglaise illustre, Mme Annie Besant, qui lui apporta l'intégrité de sa vie, la noblesse de son caractère et l'élévation de son esprit, la Société théosophique se proposa dès l'origine d'étudier impartialement les philosophies orientales et toutes les sciences occultes. Convaincue que le rapprochement entre la science et la religion est un des besoins essentiels de notre époque, qu'il doit s'opérer dans toutes les confessions et chez tous les peuples, elle se proposa d'établir un lien entre les âmes pensantes et les esprits religieux de toutes les nations. Rien de plus beau que sa devise : « Il n'y a pas de plus haute Religion que la Vérité. » Rien de plus large que ses statuts. Elle ne demande à ses membres d'autre profession de foi que l'adhésion à la fraternité humaine, persuadée que l'affirmation et surtout la pratique de ce sentiment supposent la recon-

1. La Société théosophique est aujourd'hui répandue dans le monde entier et compte environ 10.000 membres, 500 branches et une vingtaine de revues. La section de l'Inde, qui se recrute surtout parmi les Hindous, s'élève à 4.000 membres. L'Amérique du Nord en a 2.500, l'Angleterre 1.800, l'Allemagne 900. La revue théosophique française *le Lotus bleu* est dirigée avec talent par le commandant D. A. Courmes. La section française de la S. T. est présidée par M. Charles Blech. Une série d'intéressantes conférences ont été faites en été 1907 par Mme Annie Besant et par le docteur Rudolf Steiner au siège général de la Société, avenue de la Bourdonnais, 59, à Paris.

naissance et la mise en action d'un principe divin commun à tous les hommes.

Le principe de liberté et le principe d'universalité dans la Science comme dans la Religion, tels furent, tels sont encore le drapeau et la devise de la Société théosophique, et certes il n'en est pas de meilleurs pour réveiller la conscience de l'Orient comme celle de l'Occident et les rapprocher dans un même esprit. Il est visible d'autre part que, malgré son programme, la Société théosophique a conservé jusqu'à ce jour une couleur prononcée d'orientalisme et d'hindouisme, accentuée et maintenue par le fait que son quartier général et son centre directeur se trouve en Inde, à Adyar près de Madras. Tel fut d'ailleurs son caractère primitif et comme son sceau originel, grâce aux deux ouvrages principaux, qui lui ont imprimé sa direction et qui font autorité pour la plupart de ses membres, je veux dire : *le Bouddhisme ésotérique* de M. Sinnett et *la Doctrine secrète* de Mme Blavatzki. Ces deux ouvrages, inspirés par d'éminents maîtres hindous, contiennent de profondes et capitales vérités. L'effet de ces livres devait être d'autant plus grand, que ces vérités jusqu'alors tenues secrètes par les maîtres de la science occulte, tant en Orient qu'en Occident, y furent divulguées pour la première fois. Mais il faut ajouter que ces vérités y apparaissent déformées, chez M. Sinnett par un intellectualisme philosophique incomplet, chez Mme Blavatzki par une âme trouble et agitée de passions diverses. Ces vérités ainsi réflétées font parfois l'effet d'un merveilleux paysage aperçu dans un miroir convexe. L'ensemble de ces idées sur la constitution de l'homme, sur l'évolution planétaire et sur la cosmogonie ésotérique n'en constitue pas moins un trésor des plus précieux, surtout lorsqu'on sait les remettre au point avec les clefs voulues.

La Société théosophique est devenue ainsi un puissant organe par lequel l'ésotérisme oriental parle à l'Occident et agit sur lui. — En face de cette initiative hardie, que devait faire l'ésotérisme occidental, qui a lui aussi sa tradition, ses maîtres et ses lois ? Devait-il se taire ou parler à son tour ? Et s'il voulait parler comment devait-il le faire ? Cette question fut discutée, à plusieurs reprises, en quelques assemblées de maîtres occidentaux vers la fin du dix-neuvième siècle. La suite de ces pages montrera dans quel sens elle fut résolue.

Quand Rudolf Steiner vint à Berlin, il y trouva une branche de la Société théosophique. La branche allemande de cette société se fit toujours remarquer par une grande indépendance, ce qui est naturel dans un pays de philosophie transcendante et de critique méticuleuse. Elle avait déjà fourni un apport considérable à la littérature occultiste avec l'intéressant périodique *le Sphinx*, dirigé par Hübbe Schleiden et le livre du docteur Karl du Prel *Philosophie der Mystik*. Mais, les chefs s'étant retirés, le groupe ne battait plus que d'une aile. De grosses discussions et de petites querelles de ménage divisaient les théosophes d'outre-Rhin. Rudolf Steiner devait-il entrer dans la Société théosophique ? Cette question se posait impérieusement, et elle était pour lui comme pour sa cause de la plus haute gravité.

Par son premier maître, par la confrérie à laquelle il s'est associé comme par sa plus intime nature, Steiner appartient à une autre école d'occultisme, je veux dire à l'ésotérisme chrétien-occidental et plus spécialement à l'initiation rosicrucienne. — Établissons ici la filiation de cette doctrine et de cette tradition dans ses traits les plus généraux. Car l'écrire en détail ne serait rien moins que faire *l'histoire de l'ésotérisme chrétien*, lequel est à l'histoire officielle de l'Église ce que les coulisses d'un théâtre sont à la pièce qui se joue devant le public.

*
* *

L'ésotérisme chrétien a toujours existé, quoique l'Église de Rome n'ait jamais consenti à le reconnaître.

Si l'on voulait remonter à sa source, il faudrait voir son premier représentant dans l'apôtre Jean, « le disciple que Jésus aimait », l'inspirateur du plus ésotérique et du plus profond des évangiles. Mais la tradition ésotérique chrétienne proprement dite se rattache directement et d'une manière ininterrompue au fameux et mystérieux Manès, fondateur du Manichéisme, qui vécut au quatrième siècle, sur les bords de l'Euphrate, en Perse.

Manès est un de ces précurseurs qui paraissent dans l'histoire des vaincus, mais dont l'influence profonde devient un ferment de l'avenir. On sait que saint Augustin avait été un manichéen fervent avant d'être gagné à l'Église régnante par saint Ambroise et qu'il devint le plus redoutable ennemi de la secte manichéenne après sa conversion. L'Église postérieure a cherché à effacer jusqu'aux traces de Manès. Elle a détruit ses écrits et défiguré sa doctrine. On ne la connaît que par les réfutations de ses détracteurs [1]. N'importe, on en sait assez pour deviner l'essence de sa pensée et le caractère incisif de cette forte personnalité. Élève des mages persans, il devint chrétien par ses méditations et ses inspirations personnelles. La doctrine qu'il enseigna à ses disciples différait sur trois points de la doctrine officielle de l'Église : 1° Jésus était pour lui comme pour elle le centre de la révélation, mais Manès concevait autrement les rapports du prophète de Nazareth avec la divinité ou, pour

1. Voir *l'Histoire du Manichéisme*, par BEAUSOBRE, Amsterdam, 1734.

mieux dire, avec le Christ, l'arcane du Verbe planétaire, dont le maître Jésus n'était selon lui que l'organe et l'interprète; 2° il croyait à la réincarnation et aux nombreuses existences ascendantes de l'âme humaine; 3° enfin ce qu'on appelle « le mal » n'était pas à ses yeux une chose absolue qu'il faut détruire, mais une force déviée qu'il faut remettre dans sa voie, un ingrédient nécessaire dans l'économie générale du monde, un stimulant de sa marche, un ferment de l'évolution universelle.

Certes ces idées étaient trop avancées pour être comprises de la foule et même des évêques du quatrième siècle. Il fallait à l'Église, pour vaincre la décadence latine et s'imposer aux barbares, des idées plus simplistes. Au principe de l'initiation individuelle et du contrôle de la raison, que Manès maintenait avec l'Orient et la Grèce en matière religieuse, saint Augustin substitua le principe de la tradition non contrôlée et du *Credo quia absurdum*, dogme qui devait faire de la foi un bandeau pour l'intelligence et un bâillon pour la liberté, contrairement à la parole de saint Paul : « Nous sommes libres par le Christ. » En un mot, à partir de saint Augustin, l'Église confisqua et supprima l'initiation, seul moyen de la vraie connaissance, pour y substituer le dogme de la foi aveugle, au profit de son autorité absolue et arbitraire.

Manès, condamné par une sorte de concile chrétien, fut mis à mort on ne sait trop par qui. La tradition ecclésiastique prétend que ce fut par le roi de Perse. Mais il avait eu le temps de former des disciples et de les envoyer en Palestine, en Grèce, en Italie, en Afrique, en Gaule, même en Scythie et sur le Danube. Sa doctrine se propagea par tradition orale pendant les siècles qui suivirent, souvent affaiblie, mais renaissant toujours sous des formes et des noms nouveaux. Les Catharres de Hongrie et ceux de Provence persécutés et massacrés sous le nom d'Albigeois, les Templiers impitoyablement exterminés par Philippe le Bel et le pape Clément V possédèrent des fragments de la doctrine. Mais ceux qui conservèrent et développèrent la tradition chrétienne sous sa forme la plus pure furent les frères de Saint-Jean de Jérusalem, qui se propagèrent dans toute l'Europe. Elle se perpétua chez eux dans le plus grand secret, à l'ombre des cloîtres, par une méthode de méditation et d'initiation basée sur le quatrième évangile [1]. Ils avaient pour règle de joindre la

1. Les grands mystiques et les grands penseurs ont toujours considéré l'évangile de Jean comme le plus profond des quatre et comme celui qui contient l'arcane du christianisme. Parmi ces penseurs il faut compter Gœthe. Dans les dernières années de sa vie, le chancelier Muller vint lui dire un jour : « Grande nouvelle ! Les théologiens de Tubingue viennent de découvrir que l'évangile de saint Jean n'est pas authentique. — Qu'est-ce qui est authentique ? s'écria le patriarche de Weimar en redressant son front olympien, et ses

ferveur du sentiment religieux à la méditation et pour but d'amener le règne de Dieu sur la terre par l'Amour.

Au quinzième siècle, l'ésotérisme chrétien, toujours inspiré de la même tradition, prit un caractère laïque et scientifique sous l'influence de la Kabbale et de l'alchimie, qui vinrent jeter des ferments nouveaux dans l'esprit occidental desséché par l'abus de la scolastique. Ce fut alors qu'un certain Christian Rosenkreutz se rendit en Égypte et en Inde pour chercher une synthèse entre l'initiation orientale et occidentale. Le résultat de ce travail fut la fondation de l'ordre des Rosecroix, qui devait conserver sévèrement et dans le plus profond secret les vérités spirituelles de la science occulte jusqu'au temps où la science officielle aurait découvert, par sa méthode qui est l'observation physique : 1° l'unité matérielle de l'univers ; 2° l'évolution organique ; 3° les états de conscience supérieurs à l'état de veille. Tel fut le testament de Christian Rosenkreutz laissé à ses disciples. — Or, ces trois vérités, dont les vrais initiés eurent toujours conscience par intuition spirituelle, ne devaient

grands yeux bruns flamboyèrent. Qu'est-ce qui est authentique ? C'est ce qui est éternellement beau et vrai ! » L'évangile de saint Jean préoccupe actuellement un certain nombre de penseurs catholiques qui aspirent à une interprétation plus libre des textes. On lira avec intérêt, à cet égard, *la traduction avec commentaire du quatrième évangile* par Alta (Chacornac, 1907). Cet ouvrage est écrit dans un sens largement libéral et souvent ésotérique.

être prouvées scientifiquement que quatre siècles plus tard. A savoir : 1° l'unité matérielle de l'univers — par l'analyse spectrale ; 2° l'évolution organique — par la transformation des espèces selon Darwin et Hæckel ; 3° les états de la conscience humaine différents de l'état ordinaire — par l'hypnotisme et la suggestion. — C'est à ce moment aussi, c'est-à-dire depuis une vingtaine d'années que les vérités centrales de la science occulte, c'est-à-dire l'évolution planétaire, la doctrine de la réincarnation et l'unité des religions ont été divulguées.

En attendant, la pensée rosicrucienne, gardant sa réserve, rayonna dans le monde au seizième siècle par une série de personnalités remarquables, telles que le Kabbaliste Henri Kunrath, auteur du curieux livre *Amphitheatrum sapientiæ aeternæ*, le prêtre mystique Eckehardt, le cordonnier théosophe Jacob Boehm, le médecin alchimiste Paracelse et l'occultiste espagnol Raymond Lulle. Un certain nombre d'idées rosicruciennes ont passé dans la franc-maçonnerie du dix-huitième siècle, mais toujours déformées et travesties. Elles exercèrent cependant une heureuse influence sur une foule de hauts esprits. Parmi eux il faut citer, au premier rang, le plus grand poète de l'Allemagne. Goethe reçut, dans sa première jeunesse, une initiation rosicrucienne, dont on trouve les traces dans ses mémoires (Vérité et Fiction). Ce fut entre son séjour à Leipzig et son séjour à Strasbourg, par l'intermédiaire de Mlle de Klettenberg[1]. Cette initiation devait féconder son vaste génie et rester la lumière de sa vie. Son œuvre scientifique en est pleine et sa poésie en déborde. Les idées ésotériques regorgent dans son *Faust* qui commence par invoquer le macrocosme et le microcosme, l'Esprit de l'Univers et l'Esprit de la Terre et se termine par la victoire du bien sur le mal sous l'apothéose de l'Éternel Féminin. Sa théorie des couleurs, sa métamorphose des plantes et sa découverte de l'os intermaxillaire chez l'homme ressortent du même ordre d'idées. On en trouve la marque plus particulière dans un petit poème de son recueil lyrique intitulé « Les Secrets » (*Die Geheimnisse*), poème qui est demeuré une énigme pour tous ses commentateurs mais dont le symbolisme devient d'une transparence lumineuse pour qui connaît l'idée rosicrucienne. Le frère Marcus, à la recherche de la Vérité, arrive vers le soir à l'entrée d'un couvent, caché dans une vallée verdoyante, à l'abri d'une haute montagne. Au-dessus de la porte d'entrée, le voyageur aperçoit le symbole rosicrucien, la Croix enguirlandée de Roses, c'est-à-dire la Science éternelle fécondée par l'Amour. Sous l'étreinte des fleurs amoureuses, une lumière incandescente jaillit en trois rayons

1. Voir la fin du huitième chapitre de l'autobiographie de Goethe (*Wahrheit und Dichtung*).

du centre de la Croix, que des nuages brillants entraînent vers le ciel. Les douze religieux du couvent, qui reçoivent le voyageur, et dont chacun occupe dans la salle du chapitre un siège surmonté d'une autre enseigne, représentent douze religions différentes. Le treizième siège vide appartient au Maître absent, qui les inspire tous. Son nom est *Humanus* et signifie la Science occulte, la Sagesse éternelle. Les beaux jeunes gens qui partent à l'aurore sont ses messagers.

*
* *

En sa qualité de Rosecroix, Rudolf Steiner sentait profondément la différence entre les pratiques de l'initiation occidentale, qui est la sienne, et celles de l'initiation orientale qui a été le principe et l'origine de la Société Théosophique. Cette différence ne consiste pas dans une vue diverse de l'univers et de son évolution, mais dans une autre attitude en face du monde et de la vie et dans une autre méthode d'entraînement.

Le docteur Steiner a défini lui-même l'attitude de l'occultiste occidental en face de la réalité et de la vie. Elle est diamétralement opposée à celle du bouddhisme orthodoxe. « On a prétendu, disait-il dans une de ses plus remarquables conférences, que la théosophie tendait à établir certains dogmes et qu'elle poursuivait l'annihilation du corps par l'ascétisme. On a répandu cette idée que la réalité était une illusion et devait être vaincue. Ce sont là plus que des exagérations, ce sont des erreurs théoriques, contredites par la science et par la pratique du véritable occultisme. Bien plus juste est l'image grecque qui compare l'âme à une abeille. De même que l'abeille sort de la ruche et butine le suc des fleurs pour le distiller et en composer son miel, de même l'âme, issue de Dieu, pénètre dans la réalité et en rassemble le suc pour le rapporter au foyer de l'Esprit. Il ne s'agit pas, dans l'occultisme, de mépriser la réalité mais de la comprendre et de l'utiliser. Le corps n'est pas le vêtement mais l'instrument de l'esprit. La science occulte n'est pas la science qui supprime le corps, mais la science qui apprend à s'en servir pour des fins supérieures. Celui qui regarde un aimant en aurait-ilcompris la nature s'il disait que c'est un morceau de fer en forme de fer à cheval ? Non ; mais celui-là l'aura comprise qui dira que c'est un morceau de fer, qui renferme la puissance d'attirer à lui d'autres morceaux de fer. De même que l'aimant, la réalité est toute saturée d'une réalité supérieure que l'âme doit pénétrer pour la dominer. »

J'en viens à la différence de l'initiation orientale, qui procède de l'Inde, et de l'initiation occidentale, qui procède de Jésus-Christ.

Dans les temples de l'Inde, de l'Égypte et de la Grèce, après une longue préparation, le myste était plongé par son maître dans un sommeil léthargique, durant en général trois jours et trois nuits. Dans une telle léthargie, l'âme, c'est-à-dire le moi conscient, se sépare temporairement de son corps physique, accompagnée de son corps éthérique (celui qui contient le fluide vital) et de son enveloppe rayonnante (ou corps astral). Or, l'impressionnabilité du corps éthérique, séparé du corps matériel, est bien plus grande que lorsqu'il est absorbé et protégé par lui. L'âme du myste, ayant été ainsi extraite et isolée de son corps physique, l'initiateur lui imprimait avec force sa sagesse et sa pensée sous formes d'images, qui demeuraient en lui jusqu'à la fin de sa vie comme l'empreinte indélébile du maître [1]. Lorsque le disciple s'éveillait, il était considéré comme né à nouveau ou comme *deux fois né*. Il avait acquis en effet une sagesse et la conscience de facultés nouvelles. Mais il demeurait, pour le reste de ses jours, vis-à-vis de son maître dans une dépendance étroite.

L'initiation orientale, l'initiation avant le Christ, est donc une sorte de *suggestion à vie*.

Le principe de l'initiation occidentale est plus large, plus respectueux de l'originalité et de la

1. J'ai décrit cette cérémonie et ses effets psychiques dans le chapitre sur *Hermès* de mes *Grands Initiés*.

liberté individuelles. Son but est le même, c'est-à-dire l'enfantement de l'âme divine par l'âme humaine, une véritable résurrection à travers une mort temporaire. Mais ici l'initiateur se garde de l'imposer, il s'ingénie à l'obtenir par l'effort personnel du disciple dont il est le guide et qu'il prépare seulement à chercher et à trouver lui-même sa voie. Le maître n'est plus un suggestionneur, mais un *éveilleur*. Au disciple, qui lui demanderait la science infuse dans une formule ou dans une révélation subite, il répondrait comme maître Janus, dans l'Axël de Villiers de l'Isle Adam : *Je n'instruis pas, j'éveille.*

Voici comment Rudolf Steiner s'exprimait à ce sujet dans une de ses conférences : « La différence entre l'initiation orientale et l'initiation occidentale consiste en ce que la première se fait à l'état de sommeil et la seconde à l'état de veille. On évite par conséquent la séparation, toujours dangereuse, du corps éthérique d'avec le corps physique. On évite aussi la sujétion absolue du disciple au maître. Le maître occidental ne veut ni dominer ni convertir mais seulement raconter ce qu'il a vu et dire ce qu'il sait pour l'avoir expérimenté lui-même. Or, il y a trois manières d'écouter : 1° Écouter en se soumettant à la parole comme à une autorité infaillible ; 2° Écouter avec le sens purement critique, en s'opposant à chaque idée comme un adversaire ; 3° Écouter simplement, sans foi servile comme sans opposition systématique, en laissant agir les idées sur soi et en observant leurs effets. — Telle doit être l'attitude du disciple devant son maître dans l'initiation occidentale. Quant à l'initiateur, sa première règle sera que pour être le maître il faut être le serviteur. Il s'agit pour lui, non de modeler son disciple à son image, mais d'en deviner l'énigme. Il ne veut pas fabriquer une fleur artificielle, mais faire éclore un bourgeon vivant. Quant au dogme, il n'a de valeur que comme principe d'évolution. Toute vérité, qui n'est pas en même temps une force vitale, est une vérité stérile, et toute pensée, qui ne va pas à l'âme parce qu'elle n'est pas imprégnée de sentiment, est une pensée morte. »

A ces deux différences entre l'initiation orientale et occidentale, qui ont une grande importance pour l'éducation et pour l'action dans la vie, s'en ajoute une troisième non moins sérieuse. Car elle concerne l'avenir de la religion en Occident. Il s'agit du rôle capital attribué par la doctrine ésotérique occidentale à la personne historique de Jésus et au rôle du Christ dans toute l'évolution humaine, rôle complètement négligé par les fondateurs de la Société Théosophique et insuffisamment éclairé par leurs successeurs. J'y reviendrai tout à l'heure.

On peut donc affirmer que si l'occultisme tout

entier est en opposition avec l'Église officielle par le principe de l'initiation individuelle, il y a dans l'occultisme lui-même deux courants distincts, qui, sans se combattre ouvertement (car tous les vrais maîtres reconnaissent la nécessité et l'utilité des deux) sont parfois en conflit. Par ses antécédents comme par ses maîtres et ses plus profondes aspirations, Rudolf Steiner appartient à la tradition occidentale, à l'ésotérisme chrétien. De là ses hésitations. Fallait-il faire cause commune avec les représentants de l'Orient ou créer une association particulière sous un autre signe ?

Après mûre réflexion, il se décida à s'adjoindre à la Société Théosophique, dont il fait partie depuis l'année 1902. Toutefois il n'y entra pas comme un écolier de la tradition orientale, mais comme un initié de l'ésotérisme rosicrucien, qui reconnaît avec joie l'immense profondeur de la sagesse hindoue et lui tend une main fraternelle, pour établir entre les deux la chaîne magnétique. Il comprit que les deux traditions ne sont pas faites pour se combattre, mais pour s'entendre, dans leur pleine indépendance, et travailler ainsi au bien commun de la civilisation. La tradition hindoue contient, en effet, le plus vaste trésor de science occulte en ce qui concerne la cosmogonie et les périodes préhistoriques de l'humanité, tandis que la tradition de l'ésotérisme chrétien et occidental regarde, par son incommensurable hauteur, l'avenir lointain et les destinées finales de notre espèce. Car le passé contient et prépare l'avenir, comme l'avenir sort du passé et l'achève.

Rudolf Steiner fut aidé dans cette tâche par une recrue puissante et d'une valeur inappréciable pour l'œuvre de propagande qu'il voulait entreprendre.

Mlle Marie de Sivers, d'origine russe et d'une éducation cosmopolite exceptionnellement variée (elle écrit et parle également bien le russe, le français, l'allemand et l'anglais) était venue, elle aussi, à la théosophie par d'autres chemins, après une longue recherche de cette vérité qui éclaire tout parce qu'elle éclaire le fond de nous-mêmes. La finesse extrême de sa nature aristocratique, à la fois modeste et fière, sa sensibilité délicate et profonde, l'étendue et l'équilibre de son intelligence, également douée pour l'art et pour la pensée, la rendaient merveilleusement apte à un rôle de médiatrice et d'apôtre. La théosophie orientale l'avait attirée et charmée sans la convaincre absolument. Les conférences de Rudolf Steiner lui donnèrent la lumière qui persuade en jaillissant dans toutes les directions comme d'un foyer éblouissant. Indépendante et libre, elle cherchait comme beaucoup de Russes de la haute société une œuvre idéale pour s'y consacrer de toutes ses forces. Elle l'avait trouvée. Le docteur Steiner ayant été nommé secrétaire général de la section allemande de la Société Théosophique, Mlle Marie de Sivers devint son adjointe. Dès lors elle déploya, pour la diffusion de l'œuvre, dans toute l'Allemagne et dans les pays voisins, un véritable génie organisateur soutenu par une activité infatigable.

Quant à Rudolf Steiner il avait déjà fourni mainte preuve de sa pensée profonde et de son éloquence. Il se connaissait et se possédait. Mais une telle foi, un tel dévouement devaient centupler son énergie et donner des ailes à sa parole. Ses écrits traitant de questions ésotériques se succédèrent rapidement[1]. Ses conférences se multiplièrent à Berlin, à Leipzig, à Cassel, à Munich, à Stuttgard, à Vienne, à Budapest, etc... Ses livres sont tous d'une haute tenue. Il est également rompu à la déduction des idées dans l'ordre philosophique et à l'analyse rigoureuse des faits scientifiques. Il sait aussi, quand il le veut, donner à sa pensée une forme poétique en des images originales et frappantes. Mais toute sa personnalité n'apparaît que par sa présence et sa parole privée ou publique. Ce qui distingue son éloquence, c'est une force singulière toujours enveloppée de douceur et qui provient sans doute d'une parfaite sérénité d'âme jointe à une merveil-

1. *Die Mystik, im Aufgange des neuzeitlichen Geistesleben* (1901). *Das Christenthum als mystische Thatsache* (1902). *Theosophie* (1904). — Il prépare en ce moment un livre important, qui sera sans doute son œuvre capitale et qui s'appellera : *Die Geheimlehre* (La Doctrine occulte).

leuse lucidité d'esprit. Il s'y mêle parfois une vibration intérieure et mystérieuse dont les ondes se communiquent à l'auditeur dès les premiers mots. Jamais une parole qui choque ou qui détonne. De raisonnement en raisonnement, d'analogie en analogie, il vous mène du connu à l'inconnu. Soit qu'il suive le développement parallèle de la terre et de l'homme, selon la tradition occulte, à travers la période lémurienne, atlantide, asiatique et européenne, soit qu'il expose la constitution physiologique et psychique de l'homme actuel, soit qu'il énumère les étapes de l'initiation rosicrucienne, soit qu'il commente l'évangile de saint Jean et l'Apocalypse, ou qu'il applique ses idées-mères à la mythologie, à l'histoire et à la littérature, — ce qui domine et scande son discours, c'est toujours ce pouvoir de synthèse qui coordonne les faits sous une idée maîtresse et les ramasse en une vision d'ensemble. C'est aussi toujours cette chaleur intérieure et communicative, cette musique secrète de l'âme, qui semble une mélodie subtile en sympathie avec l'âme universelle.

Voilà du moins ce que j'éprouvai en le rencontrant et en l'écoutant pour la première fois, il y a de cela deux ans. Je ne saurais mieux caractériser cette sensation indéfinissable qu'en rapportant le mot d'un poète de mes amis auquel je montrais le portrait du théosophe allemand. Devant ces yeux profonds et clairvoyants, devant cette physionomie énergique, creusée par les luttes intérieures, moulée par un grand esprit qui a trouvé son équilibre aux sommets et son calme dans les extrêmes, mon ami s'écria : « Voilà un maître de lui-même et de la vie ! »

III. — L'avenir du christianisme ésotérique.

Il me reste à dire quelques mots du livre de Rudolf Steiner, *le Mystère chrétien et les Mystères antiques* que je présente au public français.

Il y a des siècles que toutes les hypothèses imaginables ont été émises sur la nature et la personne de Jésus, depuis ceux qui en font l'incarnation absolue et unique de la divinité avec l'orthodoxie traditionnelle, aux gnostiques qui distinguent avec Manès la personnalité du maître Jésus de celle du Christ ou du Verbe divin manifesté par lui, jusqu'à ceux qui n'y voient qu'un simple moraliste comme Renan ou une pure légende, inventée pour propager une religion comme David Strauss. Il ne vaut pas la peine de s'arrêter aux matérialistes de l'épaisseur de M. Jules Souris, qui a découvert dans le prophète de Nazareth un malade halluciné et fait sortir tout le christianisme d'une encéphalite aiguë de son fondateur.

L'originalité du livre de Rudolf Steiner consiste dans le rapport organique qu'il établit entre la vie du Jésus historique de l'évangile de saint Jean et les phases de l'initiation antique, telle qu'elle se pratiquait dans les temples de l'Égypte et de la Grèce. Ce rapport avait été déjà entrevu par les gnostiques, mais enveloppé d'une métaphysique nuageuse. Il est mis en lumière ici avec des faits précis et une déduction serrée, qui éclairent à la fois le passé et l'avenir et font de Jésus le pivot de l'évolution religieuse dans l'humanité.

Je crois donc que les théologiens éclairés et les libre-penseurs sans préjugé liront avec un égal intérêt les arguments et les textes fournis par le théosophe allemand pour prouver l'initiation nécessaire de Jésus chez les Esséniens. Non moins intéressante est l'interprétation qu'il donne du réveil de Lazare, reproduction au grand jour de la cérémonie et du phénomène antique de la résurrection, opéré jusqu'alors dans le secret des sanctuaires. Le point capital est le sens psychique, historique et métaphysique de la résurrection spirituelle et personnelle du Maître. « Qu'on lise, dit l'auteur, l'évangile de Jean comme un accomplissement à la fois symbolique et réel, dans l'histoire et dans la vie, du grand drame de la Connaissance que les anciens représentaient et vivaient dans leurs temples — *et le regard plongera dans le mystère universel à travers le mystère chrétien.* » Il ne s'agit donc ici ni d'une légende imaginée par des hagiographes visionnaires, ni d'un fait en contradiction avec les lois universelles de la nature, mais d'une manifestation éclatante de sa loi la plus profonde. Il s'agit d'une série d'événements réels, vécus au grand jour, par un Messie conscient de sa mission et plein de son Verbe. C'est la réalité tragique et sublime du Divin, offerte en exemple à l'humanité entière, c'est la mort soufferte et la résurrection triomphale, c'est le sacrifice et la victoire montrés à tous les hommes par le roi des initiés, non comme une expiation de leurs péchés, mais comme la démonstration d'une loi cosmique, comme la promesse et la preuve de l'immortalité.

On voit par là ce qui rapproche d'une part et ce qui distingue de l'autre le christianisme ésotérique de Rudolf Steiner de la doctrine de l'Église. On voit aussi ce qui le distingue des néo-théosophes de l'Inde. Ceux-ci, surtout Mme Blavatzki, eurent à l'origine une tendance marquée à retrancher le rôle personnel de Jésus de l'histoire, ou du moins à diminuer et à diluer sa figure jusqu'à un effacement presque total devant celle de Bouddha, qu'ils présentaient comme l'initié supérieur et parfait. Ils furent conduits à ce point de vue par leur sympathie exclusive pour l'Inde et par une réaction assez naturelle contre l'ignorance et l'injustice des Églises chrétiennes et notamment de l'Église anglicane vis-à-vis de la religion et de la sagesse brahmaniques. Pour l'esprit hautement impartial de Steiner, ces considérations d'ordre secondaire n'existent pas. Lui aussi révère Sakia Mouni Gautama, le fils de roi devenu mendiant et ascète par l'immense pitié qu'il eut du genre humain, comme une des plus grandes figures de l'histoire et de la religion. Lui aussi reconnaît qu'il s'éleva à un haut degré d'initiation et qu'il en réalisa les phases successives dans ses actes publics comme un grand exemple aux yeux du monde. Mais il constate qu'en entrant dans le Nirvana, à la fin de sa vie, le Bouddha n'atteignit que ce qui, dans l'initiation antique, s'appelait « la mort », tandis que Jésus poussa la sienne, aux yeux de ses disciples et de l'univers, jusqu'à « la résurrection ». — « Le Bouddha, dit Steiner, a prouvé par sa vie que l'homme vient du Logos et qu'il retourne dans sa lumière quand meurt son enveloppe terrestre. Jésus est le Logos, le Verbe lui-même en sa manifestation humaine. En lui la Parole a été faite chair. »

A cela les savants européens objecteront, textes en main, que pour les bouddhistes orthodoxes, le Logos a fait une œuvre mauvaise en produisant le monde et que le but suprême de la sagesse bouddhiste est *le Nirvana*, c'est-à-dire l'annihilation. A quoi les néo-théosophes répondent qu'ésotériquement le Nirvana signifie tout autre chose, c'est-à-dire un état surhumain et même supracéleste d'union avec Dieu, que notre conscience actuelle ne peut se figurer. Admettons cette explication théorique comme une possibilité. Il n'en est pas moins vrai qu'il y a dans les mots une fatalité inéluctable. *Nirvana* signifie en sanscrit *extinction*. On aura beau lui donner un sens transcendantalement métaphysique, il aura toujours, pour nos oreilles et nos âmes occidentales, une couleur négative et passive par sa seule vertu étymologique. Le mot *Résurrection*, au contraire, a un sens positif et actif, puisqu'il signifie *Vie éternelle*, *Action par le Divin*. Que les théosophes européens, qui, par tempérament et par conviction, préfèrent le Bouddha, suivent son enseignement et sa voie, rien de plus légitime assurément et rien de mieux, puisque cela contribue à enrichir notre expérience et à élargir notre horizon. Mais il importe de reconnaître et de maintenir que le monde actuel tourne autour du Christ comme autour de son axe et que toute l'évolution historique s'opère sous son signe et dans son esprit [1]. La théo-

1. Remarquons que, depuis la mort de Mme Blavatzki, plusieurs membres éminents de *la Société théosophique* ont tâché de réparer le silence ambigu de la fondatrice sur la personnalité de Jésus et sur la valeur intrinsèque du christianisme. Il faut citer en première ligne le remarquable livre de Mme Annie Besant sur *le Christianisme ésotérique* et aussi la très intéressante monographie de M. Mead, un helléniste distingué : *Fragments d'une foi perdue*. Je dois ajouter toutefois que, si ces ouvrages fournissent des don-

sophie nouvelle a donc mille fois raison et nous rend un service inappréciable en fouillant jusqu'en ses derniers arcanes le trésor de la sagesse hindoue pour faciliter la synthèse religieuse et philosophique dont l'esprit moderne a besoin. Mais elle se condamnerait à ne comprendre que le passé, à ignorer le présent et l'avenir, si elle écartait de son programme le facteur essentiel et central de notre évolution planétaire qui est le Christ. Si la théosophie veut agir d'une manière féconde sur la mentalité contemporaine, elle ne pourra le faire qu'à travers le christianisme, qui est la tradition de l'Occident, et à travers l'ésotérisme chrétien qui est son principe vital.

Si Rudolf Steiner proclame la supériorité du Christ sur le Bouddha, cette préférence ne l'aveugle nullement sur l'éclipse rapide qu'a subie le principe de l'initiation dans l'histoire de l'Église chrétienne, à partir de saint Augustin. Il en explique les raisons avec une remarquable netteté dans les derniers chapitres de son livre. Les temps approchent cependant où « l'esprit d'immobilité et de domination » qu'un catholique croyant, l'illustre romancier italien Fogazzaro, signalait récemment comme le ver rongeur de l'Église actuelle, ne suffiront plus à la main-

nées importantes sur le Christ des Gnostiques, ils laissent complètement dans l'ombre et ont l'air d'ignorer le Jésus de l'histoire ainsi que la tradition ésotérique qui procède de lui.

tenir. D'autre part, le matérialisme, le scepticisme et l'athéisme bouchent toutes les sources de la vie spirituelle. Ils dessèchent la littérature, rongent l'organisme social et dissolvent les âmes. Un grand mouvement spiritualiste, soulevant à la fois le monde laïque et le monde religieux, un effort commun de l'art, de la science et de la pensée pourrait seul secouer la torpeur publique et préparer les réformes nécessaires, en reconstituant l'initiation, d'après la loi hiérarchique, inscrite dans la nature et dans l'esprit humain.

C'est parce que le livre de Rudolf Steiner répond à ce besoin, que le désir impérieux de le traduire s'est imposé à moi. « Les idées qui changent la face des choses viennent à pas de colombes, » a dit Nietzsche. Ainsi chemineront les idées de ce livre. Que les esprits frivoles s'en détournent, une élite entendra sa voix. Car c'est une voix vivante, une voix qui fraye un chemin. Elle n'appelle pas au combat, mais elle suscite des combattants. Ses pensées sont des armes.

Pour conclure, j'en veux choisir une. Quoique l'écrivain ne l'ait point exprimée, elle ressort de son livre et le résume. Un penseur français trop peu connu, un occultiste de haute marque, la formula jadis.

Il y a de cela vingt-trois ans, en l'année 1885, M. Alexandre Saint-Yves publiait un livre original, *la Mission des juifs*, où il essayait de retrouver dans la profondeur de l'ésotérisme judéo-chrétien, les principes organiques de la société européenne. Un fervent de l'Église romaine, le soupçonnant d'hérésie, le somma de déclarer s'il était cathotique ou non. Alexandre Saint-Yves répondit par deux beaux articles publiés au *Journal des Débats*. Le dernier se terminait par ces mots : *Je suis catholique, oui, c'est-à-dire universel, mais catholique jusqu'à l'Himalaya.*

Ce mot sera peut-être le cri de ralliement des nouveaux croyants. On pourrait y ajouter cette prédiction : *l'Église future sera libre et universelle — ou ne sera pas.*

*
* *

Telle est aussi la pensée de Rudolf Steiner et de tous ceux qui se joignent sous le signe de la Rosecroix. En revivifiant la tradition sacrée, ce signe relie le plus lointain passé au plus lointain avenir.

Dès son berceau, notre race aryenne connut le signe de la croix. Elle reluit dans l'*arani* du prêtre védique, d'où jaillit la flamme du sacrifice comme le symbole du Feu créateur. Elle brille dans la croix ansée du prêtre égyptien comme le signe de la Vie et de l'Immortalité. Elle flamboie dans la personne de Jésus-Christ crucifié et ressuscité comme le signe vivant de la résurrection de l'Ame par l'Amour.

La pensée rosicrucienne aspire à rendre au signe de la Croix la force et la magie que le Christ lui-même lui donna, en faisant sortir de sa tige la fleur des temps nouveaux. C'est pourquoi elle enveloppe la Croix de Roses.

La Croix reste, pour l'initié, le signe du divin sacrifice de l'Homme-Dieu et de tous les héros du Verbe. Mais elle devient aussi pour lui le signe de la science divine ; car la lumière de la sagesse jaillit de son cœur incandescent. Les Rosecroix ont une foi égale dans la Croix et dans la Rose. Ils disent : *Per Rosam ad Crucem — per Crucem ad Rosam.* Par l'Amour à la Science — par la Science à la Vie et à la Beauté.

ÉDOUARD SCHURÉ.

Paris, mai, 1908.

AVANT-PROPOS

DE L'AUTEUR

Au musée Wiertz de Bruxelles, il y a un tableau portant ce titre : « Les choses du présent devant les hommes de l'avenir. » La toile de l'intéressant artiste (Antoine Wiertz, né en 1806, mort en 1865) représente un géant, qui porte dans sa main des choses minuscules et les montre à sa femme et à son enfant : nos canons, nos sceptres, nos croix d'honneur, nos arcs de triomphe et les drapeaux de nos partis. — Infiniment petites apparaîtront « les conquêtes de notre culture » au point de vue d'une civilisation qui, vis-à-vis de la nôtre, sera un géant spirituel. Si, comme tout porte à le croire, cette prophétie doit se réaliser quelque jour, son accomplissement s'accompagnera d'un autre phénomène. Nos conceptions actuelles sur le monde et sur la vie ne sembleront-elles pas aussi petites aux hommes futurs que notre civilisation elle-même? Ce serait la revanche historique contre l'orgueilleux mépris avec lequel beaucoup de nos contemporains regardent les idées « enfantines » de nos ancêtres sur l'essence de l'univers et de l'homme, conceptions que surpassent de si haut « les nouveaux articles de foi » appuyés sur « les formidables progrès de l'histoire naturelle ».

Il n'est pas nécessaire de s'enfermer dans la doctrine d'une de nos Églises pour avoir cette idée. Elle peut naître tout aussi bien dans l'esprit de celui qui se place sur le terrain de la connaissance actuelle de la nature. Peut-être même est-ce là qu'elle s'impose le plus fortement. Il y a certes une grande satisfaction à considérer la série des êtres vivants depuis l'infusoire jusqu'à l'homme et à poursuivre la parenté de toute vie, au point de vue d'un développement progressif. Beaucoup d'entre nous ne voudraient, à aucun prix, remplacer

« l'histoire naturelle de la création » selon Hæckel par une création « surnaturelle ». — Et pourtant les âmes profondes éprouvent un mécontentement douloureux devant la contradiction qui subsiste « entre la vie naturelle selon l'interprétation de Darwin et les revendications d'une humanité supérieure[1] ».

Celui dont le regard sait plonger sous la surface de la pensée contemporaine, voit s'ouvrir un profond abîme entre les deux facteurs qui créent présentement la vie de l'humanité cultivée. La *raison* de l'homme civilisé d'aujourd'hui ne peut se contenter que d'une explication naturelle du monde, mais *son cœur* demeure attaché aux sentiments qu'une éducation millénaire et une tradition vivante ont déposés en lui. La science fait appel sans cesse à une vue rationnelle des choses, tandis que la religion exige l'acceptation de l'incompréhensible par une foi aveugle.

On est forcé de se demander : une telle contradiction est-elle nécessaire, ou serait-elle fondée sur ce fait que l'humanité civi-

1. Rosa Mayreder, *Nouvelle Religion*. Ernest Hæckel, *les Problèmes de l'Univers*.

lisée de nos jours n'a pas encore réussi à mettre sa sensibilité d'accord avec sa raison et à trouver son édification et son bonheur dans le concept vital que cette raison lui fournit ? La réponse à cette question semble devoir être celle-ci : Nous *comprenons* les données des sciences naturelles, mais nous ne savons pas *vivre* avec ces données.

Non, nous ne *vivons* pas de nos connaissances de la nature. Combien de gens sont heureux d'entendre Harnack leur dire dans son *Essence du christianisme :* « Quel état désespéré serait celui de l'humanité, si la paix supérieure dont elle a soif, si la clarté, la sécurité et la force pour laquelle elle lutte dépendaient de la mesure de sa science et de sa connaissance ! » De tels hommes reconnaissent la science avec leur raison et vont étancher la soif de leur cœur à d'autres sources.

Mais quiconque possède tant soit peu le don de voir, s'apercevra bien vite que ceux-là mêmes qui sont le plus solidement établis sur le terrain des sciences naturelles *ne savent pas vivre avec elles*. Les maîtres mêmes de ces sciences ne le savent pas. Je suis un admirateur enthousiaste d'Ernest

Hæckel, mais je constate ses limites. Dans beaucoup de cris de combat, qu'il lance contre le christianisme, je reconnais les ressentiments que de vieux malentendus ont jetés au cœur de l'élite pensante. Sinon le défenseur de l'évolution naturelle pourrait-il considérer le christianisme autrement que comme une création soumise à ces mêmes lois de l'évolution ? Il y a le même rapport entre la vérité avec laquelle nous vivons aujourd'hui et les systèmes religieux du passé qu'entre les hommes d'aujourd'hui et leurs ancêtres du règne animal. Un chrétien a le droit de croire qu'il possède la vérité unique et immuable, mais un véritable naturaliste, c'est-à-dire « un homme qui pense selon la nature », devrait savoir que *l'évolution dans l'ordre spirituel est parallèle à l'évolution dans l'ordre naturel*. Il pense trop « chrétiennement » s'il se croit lui aussi en possession de la vérité unique et immuable, s'il ne sait pas poursuivre « les ancêtres » de la vérité présente et future dans leur évolution légitime, comme celle des espèces, et s'il combat les conceptions du passé comme des « articles de foi » désormais abolis. Celui qui ne se contente pas de *comprendre* la vérité, celui qui *vit en elle et avec elle*, la voit dans un flux perpétuel, dans un développement progressif et soumis à des lois comme toutes les choses de la nature.

Qu'on apprenne à connaître les vérités que proclame notre intelligence dans leur développement naturel, qu'on les reconnaisse dans les vérités qui les ont précédées, et le cœur pourra suivre l'intelligence. Mais l'homme, dont l'intelligence s'est attachée à la connaissance de la nature et dont le cœur est encore suspendu aux traditions de l'Église — avec une force dont il ne se doute même pas — ressemble à un être vivant dont la structure corporelle a dépassé depuis longtemps celle du poisson et qui voudrait encore nager dans l'eau.

Tel est l'esprit de ce livre dans lequel j'ai poursuivi le développement de la partie occulte du christianisme. Je voudrais n'y avoir pas mis une seule ligne qui ne pût se justifier devant une conception rationnelle de la nature, mais pas une non plus qui puisse se confondre avec la conception grossièrement matérialiste de beaucoup de nos penseurs inféodés aux sciences naturelles et qui ne connaissent pas d'autre source de vérité.

Dans un « avant-propos », l'auteur peut se permettre quelques remarques personnelles, qui, pour le lecteur, sont sans rapport avec le monde de ses pensées — mais qui ont peut-être pour l'écrivain de ces lignes un sens tout à fait particulier. J'exprimerai d'abord ma plus vive reconnaissance au comte et à la comtesse Brockdorff qui m'ont incité l'hiver dernier à développer les idées contenues dans ce livre à la bibliothèque théosophique de Berlin, ainsi que celles de mon écrit précédent : *La Mystique à l'aube des temps modernes*. Un profond besoin d'amitié m'engage à joindre à leurs noms ceux de mes amis de Vienne, Rosa Mayreder et Moritz Zitter. A eux tous, je dédie ces pages. Pendant bien des années, ces derniers furent mes compagons dans mon effort vers la connaissance ; en terminant ce livre je vouorais leur envoyer un cordial salut.

RUDOLF STEINER.

LE MYSTÈRE CHRÉTIEN ET LES MYSTÈRES ANTIQUES

CHAPITRE PREMIER

POINTS DE VUE

Nos grands naturalistes ont bouleversé de fond en comble l'imagination contemporaine. Il devient de plus en plus impossible de parler des besoins spirituels et de la vie de l'âme sans prendre en considération les concepts et les découvertes de l'histoire naturelle. Sans doute, il y a encore bien des hommes qui satisfont ces besoins sans permettre aux grands courants, qui viennent de la science, de troubler la sphère où se meut leur esprit. Mais ceux qui entendent le battement du temps dans les artères du siècle, ne peuvent se ranger dans cette catégorie. Les idées empruntées aux sciences naturelles s'emparent des têtes avec une rapidité croissante ; et les cœurs suivent malgré eux, souvent découragés et craintifs. La quantité des têtes conquises n'est pas la chose la plus inquiétante ; mais il y a dans la pensée qui jaillit des sciences naturelles une force intrinsèque qui dit à tout homme attentif : à cette pensée appartient l'avenir. Il n'est plus permis de parler légèrement ou de se moquer « du grossier matérialisme des sciences naturelles » à une époque où de larges couches populaires sont conquises par cet ordre de pensées comme par un pouvoir magique. Que certaines personnalités aristocratiques se retirent dans une solitude hautaine ou déclarent « que la plate doctrine de la force et de la matière est dépassée depuis longtemps », cela n'y changera rien. Bien plutôt faut-il écouter ceux qui s'écrient hardiment : c'est sur les idées fondamentales des sciences naturelles qu'il faudra bâtir une nouvelle religion. Ces idées ont beau paraître plates et superficielles à celui qui connaît la profondeur des besoins spirituels de l'humanité, il sera forcé d'en tenir compte, car c'est vers ces idées que se tourne l'attention du présent, et tout porte à croire que cet intérêt ne fera que grandir dans un avenir prochain. Mais une autre classe d'esprits nous sollicite encore, ceux qui n'ont pu mettre leur cœur d'accord avec leur tête. Ceux-là ne peuvent soustraire leur raison aux concepts des sciences naturelles. Le poids des preuves les oppresse. Mais ces concepts ne peuvent satisfaire les besoins religieux de leur âme. La perspective qu'ils offrent est trop désolante. L'âme humaine doit-elle donc s'élever sur les ailes de l'enthousiasme jusqu'aux cimes du Beau, du Vrai et du Bien, pour être balayée dans le néant comme une écume du cerveau? Cette sensation pèse comme une montagne sur un grand nombre d'esprits, qui ne peuvent point se dérober au joug des sciences naturelles. De tels hommes s'aveuglent tant qu'ils peuvent sur la discorde de leurs âmes. Ils se consolent même en se persuadant qu'en ces matières la pleine clarté est refusée à l'esprit humain. Ils pensent conformément aux sciences naturelles, en tant que l'expérience des sens et la logique de la raison l'exigent ; mais ils conservent leurs sentiments religieux et préfèrent rester à leur égard dans une obscurité nuageuse. Ils n'ont pas le courage de se frayer un chemin jusqu'à la lumière.

Ainsi, pas de doute sur ce point. La mentalité qui dérive des sciences naturelles est la plus grande puissance dans la vie intellectuelle des temps nouveaux. Celui qui s'occupe des intérêts spirituels de l'humanité ne peut pas la négliger.

Il n'en est pas moins vrai que cette mentalité n'apporte à l'esprit que des satisfactions imparfaites et décourageantes. Ou bien ne serait-il pas humiliant d'acquiescer à ceux qui disent : « La pensée est une forme de la force. Nous *marchons* avec la même force avec laquelle nous *pensons*. L'homme est un organisme qui transforme diverses formes de la force en force de pensée, un organisme dont nous soutenons l'activité par ce que nous appelons « la nourriture » et avec lequel nous produisons ce que nous appelons « la pensée ». Oh, le merveilleux processus chimique, qui a pu transformer une certaine quantité de nourriture en la divine « tragédie de Hamlet » ! Ceci est écrit dans une brochure portant ce titre : *Moderne Crépuscule des Dieux*. Qu'un groupe de penseurs approuve ce Credo, formulé par quelques hommes de notre temps, cela importe peu. Ce qui est grave, c'est que d'innombrables gens se croient rigoureusement forcés de penser ainsi de par la sacro-sainte autorité des sciences naturelles.

Ces choses seraient désespérantes si vraiment les sciences naturelles nous contraignaient à la profession de foi de leurs plus récents prophètes. Désespérantes surtout pour celui en qui le contenu des sciences naturelles a provoqué l'intime persuasion que leur mode de penser est valable sur leur domaine et que leur méthode est inébranlable. Car un tel homme est obligé de se dire : Vous aurez beau batailler sur telle question de détail, écrire volumes sur volumes, entasser des milliers d'observations sur « la lutte pour l'existence » et son insignifiance, sur « la toute-puissance » ou « l'impuissance » de « la sélection naturelle », la science de la nature elle-même se meut dans une direction, qui entraîne les esprits avec une force grandissante.

Mais les exigences de l'histoire naturelle sont-elles vraiment ce que prétendent quelques-uns de ses représentants ? Qu'elles ne sont point telles, cela est prouvé par la méthode qu'emploient ces représentants eux-mêmes. Ou bien Darwin et Hæckel auraient-ils jamais fait leurs grandes découvertes sur le développement de la vie, si au lieu d'observer la vie et la structure des êtres vivants ils s'étaient enfermés dans un laboratoire pour faire des essais chimiques sur des tissus coupés dans l'organisme d'un animal ? Est-ce que Lyell aurait pu représenter le développement de la croûte terrestre si, au lieu d'examiner les couches de la terre, il s'était contenté de scruter les propriétés chimiques d'innombrables pierres ? Essayez donc de marcher réellement sur les traces de ces grands chercheurs, qui apparaissent comme des géants dans le développement de la science moderne ! Et l'on appliquera sur les hauts domaines de la vie spirituelle les mêmes méthodes qu'ils ont pratiquées dans le champ de l'histoire naturelle. On ne croira pas alors avoir compris l'essence de la « divine » tragédie de Hamlet en disant qu'un merveilleux processus chimique a changé une quantité de nourriture en cette tragédie. On le croira aussi peu qu'un véritable naturaliste croira avoir compris le rôle de la chaleur dans le développement de la terre en étudiant l'action de la chaleur sur le soufre dans une cornue. Un vrai naturaliste ne croira pas non plus avoir compris la structure du cerveau humain en examinant l'effet de la potasse liquide sur un petit fragment de cervelle, mais il se demandera comment, dans le cours des âges, ce cerveau est sorti des organes d'animaux inférieurs.

Une chose est incontestable : celui qui veut examiner l'essence de l'esprit ne peut qu'apprendre des sciences naturelles. Il n'a qu'à faire sur son domaine ce qu'elles font sur le leur, mais avant tout il faut qu'il ne se laisse pas égarer par les doctrines que certains représentants de la science veulent lui *prescrire*.

On agit dans l'esprit des sciences naturelles en contemplant le devenir spirituel de l'homme aussi impartialement que le naturaliste observe le monde sensible. Alors sans doute on sera amené, sur le domaine de la vie spirituelle, à un mode de contemplation qui s'élève au-dessus de la contemplation du naturaliste autant que la géologie s'élève au-dessus de la simple physique et que la biologie dépasse la chimie. On est amené ainsi à des méthodes supérieures qui ne sont pas celles des sciences naturelles, mais qui les continuent et agissent dans le même sens. De telles méthodes seules peuvent nous permettre de pénétrer dans un développement spirituel comme celui du christianisme ou d'autres mondes religieux. En les appliquant, on provoquera la critique de bien des gens qui pensent selon une science partielle, mais on s'en consolera en se sentant en harmonie avec la nature universelle.

Un tel scrutateur de la vie de l'esprit s'élèvera également au-dessus de la critique *historique* des documents. Il est obligé de le faire par le sens de la genèse des choses que lui a donné l'histoire naturelle. Il serait de peu d'importance pour la démonstration d'une loi chimique de décrire les alambics, les vases et les pincettes qui ont servi à sa découverte. Lorsqu'on s'occupe des origines du christianisme, il est tout aussi peu important d'établir les sources historiques où a puisé l'évangéliste Luc ou celles dont a été tirée « la révélation secrète » (l'Apocalypse) de Jean. Ce n'est pas en scrutant l'origine historique des documents qu'on apprendra quelque chose sur les idées qui règnent dans les écrits de Moïse ou dans les traditions des mystes grecs. Ces idées n'ont trouvé, dans les documents en question, qu'une expression extérieure. Le naturaliste qui veut scruter l'essence de l'homme s'inquiète peu de la façon dont le mot « homme » est né et comment il s'est développé dans la langue. Il s'en tient à la chose et non pas au mot dans lequel la chose trouve son expression.

Ainsi dans la vie spirituelle on s'en tiendra à l'esprit et non pas à des documents extérieurs.

CHAPITRE II

LES MYSTÈRES ET LA SAGESSE MYSTIQUE

Une sorte de voile mystérieux recouvre le fond des religions antiques.

Parmi leurs adhérents, nous rencontrons un certain nombre d'esprits altérés des vérités profondes. Ne pouvant assouvir leur soif de vérité dans la religion officielle, ils cherchent la connaissance dans une vie supérieure. Si nous tâchons de les suivre, notre regard plonge dans le demi-jour de cultes énigmatiques. Toutes les personnalités qui réussissent à satisfaire ce besoin se dérobent pour un temps à nos yeux. Nous comprenons tout d'abord pourquoi les religions populaires ne peuvent leur donner ce que désire leur cœur. Comme le peuple, l'aspirant aux mystères reconnaît l'existence des Dieux, mais il s'est aperçu que les concepts populaires des Dieux et les images qu'en donnent les cultes ne dévoilent pas les grandes énigmes de la vie. Il réclame une sagesse que gardent jalousement une communauté de prêtres sages. Son âme angoissée cherche un refuge auprès de cette communauté. Si les sages le trouvent assez mûr, ils l'admettent en des lieux cachés à ceux du dehors et le conduisent, de degré en degré, à une vie supérieure. Ce qu'il apprend alors et ce qu'il voit dans le temple, demeure voilé aux non initiés. Pour un temps, il semble ravi à la vie terrestre et transporté dans un monde secret.

Quand il reparaît à la lumière du jour, l'initié est complètement transformé ; une autre personnalité est devant nous. Cette personnalité ne trouve pas de mots assez puissants pour exprimer le sens sublime de ce qu'elle a vécu. Il lui semble qu'elle a traversé la mort non pas métaphoriquement, mais en réalité, pour s'éveiller à une vie nouvelle et plus haute. Et l'initié est bien certain que personne ne pourra comprendre ses paroles s'il n'a pas vécu la même chose.

Voilà ce qui advenait des personnes initiées aux Mystères, à cette quintessence de sagesse qu'on soustrayait au peuple et qui donnait des lumières sur les plus grands problèmes. Cette religion secrète des initiés subsistait à côté de la religion populaire. Son origine remonte dans la nuit des temps et se dérobe aux regards de l'historien jusqu'à l'origine même des peuples. Nous la retrouvons chez toutes les nations anciennes dont quelques traditions nous ont été conservées. Les sages de ces nations parlent de ces Mystères avec le plus grand respect.

Qu'est-ce qu'on dévoilait dans cette religion secrète ? Qu'apportait-elle à l'initié ?

L'énigme qui se cache sous ces faits devient plus impénétrable encore lorsqu'on s'aperçoit que les anciens considéraient les Mystères comme quelque chose de dangereux. Le chemin qui menait aux secrets de l'existence passait par un monde de terreurs. Malheur à l'indigne qui osait s'en approcher. Le traître était puni de mort et de la confiscation des biens. On sait que le poète Eschyle fut accusé d'avoir trahi certains secrets des Mystères sur la scène. Il ne put échapper à la mort qu'en se réfugiant à l'autel de Dionysos et en prouvant devant le tribunal qu'il n'avait jamais été initié.

Ce que les anciens disent des secrets des Mystères est significatif et déconcertant. L'initié est persuadé qu'il commettrait un grand péché en disant ce qu'il sait et que le péché ne serait pas moindre pour celui qui l'entendrait. Plutarque parle des terreurs des initiés avant la révélation finale et les compare à une préparation à la mort. Un certain genre de vie devait précéder les rites des Mystères. Il avait pour but de réprimer la sensualité. Le jeûne, la vie solitaire, certaines mortifications y contribuaient. Les choses auxquelles l'homme s'attache dans la vie ordinaire devaient perdre toute valeur pour lui. La direction de sa vie sensationnelle et sentimentale devait changer du tout au tout.

Impossible de douter du sens de ces exercices et de ces épreuves. La sagesse qu'on offrait à l'initié ne pouvait produire son effet sur son âme que s'il avait précédemment transformé le monde inférieur de sa sensibilité. On l'introduisait dans le monde de l'esprit. Il devait contempler un monde supérieur, mais sans les exercices et les épreuves, il n'aurait pu entrer en rapport avec ce monde. Ce rapport était la condition de l'initiation.

Pour penser juste sur ces matières, il faut avoir une expérience des faits intimes de la connaissance spirituelle. Il faut avoir senti qu'il y a deux espèces de rapports diamétralement opposés avec l'objet de la plus haute connaissance.

Le monde qui entoure l'homme est tout d'abord le monde *réel*. Ce qui s'y passe il le tâte, il l'entend, il le voit. Et c'est parce qu'il le perçoit avec ses sens qu'il l'appelle le monde réel. Il réfléchit sur les événements de ce monde pour en éclaircir les rapports. Ce qui, par contre, s'élève dans son âme ne lui semble d'abord qu'une forme fantastique. Ce ne sont là que de simples pensées et des idées. Tout au plus y verra-t-il des *images* de la réalité. En elles-mêmes les idées n'ont pas de réalité pour lui. Car on ne peut ni les toucher, ni les voir, ni les entendre.

Il y a un autre rapport avec les choses. Celui qui ne connaît que le premier aura peine à le comprendre. Pour certains hommes, ce rapport s'établit à un certain moment de leur vie. Pour eux, les rapports avec le monde extérieur et le monde intérieur se renversent. Pour eux, les formes qui surgissent de la vie spirituelle sont réelles. Par contre, ce que les sens entendent, touchent et voient, n'a pour eux qu'une réalité inférieure. Ils savent qu'ils ne peuvent pas *prouver* cette assertion. Ils savent qu'ils ne peuvent que *raconter* leurs nouvelles expériences. Quant à leurs récits, ils feront sur les autres la même impression que ceux d'un voyant sur un homme né aveugle. Tout au plus se considèrent-ils comme des prédicateurs dans le désert, avec l'espoir que l'œil spirituel encore fermé chez leurs auditeurs s'ouvrira par la force de leurs discours. Car ils ont la foi en l'humanité et veulent ouvrir en elle les yeux de l'esprit. Ils ne peuvent que montrer les fruits cueillis par l'esprit. Les autres les verront-ils ? Si oui, leur œil spirituel s'ouvrira.

Il y a quelque chose qui empêche tout d'abord l'homme de voir avec les yeux de l'esprit. Au premier moment, il ne sait même pas ce que cela veut dire. Il est ce que sont ses sens, son intellect n'est que leur explicateur et leur juge. Ces sens rempliraient mal leur mission s'ils ne s'appuyaient sur la fidélité et l'infaillibilité de leur témoignage. Un œil serait un mauvais œil, qui, de son point de vue, ne prétendrait pas à l'absolue réalité de ses perceptions. L'œil a raison en ce qui le concerne et il ne perd pas ses droits par l'adjonction de l'œil spirituel. L'œil spirituel nous montre seulement les objets perçus par l'œil corporel sous un jour supérieur. On ne nie rien de ce qu'a vu l'œil physique, mais une nouvelle clarté, jadis inaperçue, rayonne de tous les objets. Alors on sait que ce qu'on a vu d'abord n'était qu'une réalité inférieure. On la voit toujours, mais trempée dans quelque chose de plus haut qui est l'esprit. Il s'agit maintenant de savoir si l'on est capable de sentir et de vivre ce que l'on voit. Celui qui n'a de sentiments et d'émotions vivantes que pour le monde des sens considérera les images et les impressions d'un monde supérieur comme une Fata-Morgana, comme un simple jeu de l'imagination. Son âme est tournée tout entière vers le monde des sens. Il ne touche que le vide quand il veut saisir les formes de l'esprit. Elles se retirent devant lui quand il veut les tâter. Ce ne sont pour lui que des pensées. Il les pense ; il ne les *vit* pas. Ce ne sont que des images, plus irréelles que des rêves fugaces. Elles passent devant lui comme des flocons d'écume quand il se met en face de *sa* réalité ; elles disparaissent devant l'édifice massif et solidement bâti de la réalité dont lui parlent ses sens.

Mais celui dont le sentiment vis-à-vis de la réalité a évolué, la regardera avec d'autres yeux et d'autres sentiments. Elle aura perdu pour lui sa solidité immuable et sa valeur transcendante. Ni ses sens ni ses sensations n'en seront émoussés, mais il commencera à douter de leur valeur absolue ; au delà de l'espace connu, il en a vu un autre. Le monde de l'esprit commence à l'animer.

L'homme entré dans cette voie court un risque terrible. Il se peut qu'il ait perdu le sens de la réalité immédiate sans en acquérir un nouveau. Il flotte alors dans le vide. Il se fait l'effet d'un défunt. Les anciennes valeurs se sont effondrées sans qu'il en ait vu surgir de nouvelles. Le monde et l'homme ont disparu à ses yeux. Il est descendu dans le monde inférieur. Il accomplit sa traversée du Hadès ou de l'Enfer. Heureux s'il ne sombre pas pendant le passage et si un monde nouveau s'ouvre à ses yeux. Ou il disparaîtra du monde visible, ou il y rentrera comme un être transformé. Dans ce dernier cas, un nouveau soleil et une nouvelle terre seront devant lui. A ses yeux, l'univers est rené du feu spirituel.

Les initiés dépeignent ainsi ce que les Mystères ont fait d'eux. Ménippe raconte qu'il a fait le voyage de Babylone pour être conduit au Hadès et en être ramené par les successeurs de Zoroastre. Il dit qu'il a nagé à travers la grande eau, qu'il a traversé le feu et la glace. Les mystes disent qu'ils ont été effrayés par le brandissement d'une épée nue et que le sang a coulé. On comprend ces paroles, quand on connaît le passage de la connaissance inférieure à la connaissance supérieure. N'a-t-on pas senti que toute matière solide et toutes les choses sensibles se dissolvaient en eau ? On avait perdu terre. Tous les êtres qu'on avait connus vivants étaient morts. L'esprit a traversé le monde des sens, comme une épée traverse le corps chaud ; on a vu couler le sang de la sensualité.

Mais une nouvelle vie est apparue. On est

sorti du monde inférieur. L'orateur Aristide parle de cet état d'âme : « Je croyais toucher le Dieu, sentir son approche, j'étais entre la veille et le sommeil, mon esprit était tout léger. Aucun homme ne saurait le dire et le comprendre, s'il n'est pas « initié ». Cette vie nouvelle n'est pas soumise aux lois de la vie inférieure. Le devenir et la mort ne la touchent plus. On peut parler longuement sur l'Éternel ; celui qui n'en parle pas après la descente au Hadès ne sait ce qu'il dit ; ses paroles ne sont que « vain son et fumée ». Les initiés avaient une nouvelle conception de la vie et de la mort. Maintenant seulement ils se sentaient le droit de parler d'immortalité. Ils savaient que ceux qui parlent d'immortalité sans avoir été initiés parlent de quelque chose qu'ils ne comprennent pas. Le non-initié se contente d'attribuer l'immortalité à quelque chose qui obéit aux lois du devenir et de la destruction. Pour lui, ce qui est vraiment éternel n'existe pas. Les mystes ne voulaient pas seulement acquérir la persuasion que le noyau de la vie est éternel. D'après la conception des Mystères, une telle persuasion n'aurait en elle-même aucune valeur. Car, d'après cette conception, l'Éternel n'existe pas à l'état vivant dans le non myste. Le non initié, qui parle de l'Être éternel, parle d'un pur néant. Or c'est cet être éternel que cherchaient les mystes. Ils devaient éveiller l'Éternel en eux-mêmes ; alors seulement, ils avaient le droit d'en parler. Pour eux s'avérait la dure parole de Platon que le non initié disparaît dans la fange et que celui-là seul entre dans l'Éternité qui a traversé la vie mystique. C'est dans ce sens seulement qu'on peut comprendre les paroles du fragment de Sophocle : « Bienheureux les initiés qui entrent au royaume des ombres. Eux seuls y trouvent la vie. Pour les autres il n'y a que misère et souffrance. »

Ne sont-ce pas des dangers réels ceux dont parlent les Mystères ? N'est-ce pas ravir à quelqu'un le bonheur, n'est-ce pas lui faire prendre la vie en horreur que de le conduire à la porte des enfers ? Elle est terrible la responsabilité dont on se charge par là. Et pourtant, devons-nous nous soustraire à cette responsabilité ? Telles étaient les questions que l'initié devait se poser. Il était d'avis que sa science était à l'âme populaire ce que la lumière est à l'obscurité. Mais dans cette obscurité habite un bonheur innocent. Le myste était d'avis que troubler ce bonheur sans nécessité est un sacrilège. Car que serait-il arrivé tout d'abord si ce myste avait trahi son secret ? Il aurait prononcé des mots, rien que des mots. Mais les sensations et les sentiments, qui auraient pu faire jaillir l'esprit de ces mots, il n'aurait pu les communiquer. Pour cela il aurait fallu la préparation, les exercices et les épreuves, un changement complet dans la vie des sens. Sans ceux-ci, on aurait lancé l'auditeur dans le vide et le néant. On lui aurait pris ce qui faisait son bonheur, sans rien lui donner à la place. On n'aurait même rien pu lui prendre, car on n'aurait pu changer sa vie sentimentale avec des paroles. Pour lui la réalité de la vie se bornait aux choses des sens. On n'aurait pu que lui donner un pressentimen terrible, destructeur de l'espérance, cette âme de la vie.

La sagesse des Mystères ressemble à une plante de serre chaude qui doit être cultivée et soignée dans un espace clos. Celui qui la transporte dans l'atmosphère de la vie quotidienne, la pose dans un air où elle ne peut prospérer. Elle s'évanouit devant le jugement caustique de la science et de la logique moderne. Dépouillons donc pour un temps notre éducation, qui nous vient du microscope et du télescope ; oublions la mentalité que les sciences naturelles ont créée dans notre esprit, purifions nos mains devenues lourdes et rudes à force de manier des scalpels et des acides, pour pénétrer dans le pur temple des Mystères. Il y faut la spontanéité du cœur et la fraîcheur du sentiment. Notre temps, qui ne place la connaissance que dans les plus grossières réalités, a peine à croire que, dans les choses les plus hautes, la perception dépende d'un *état d'âme*. La connaissance devient par là un événement intime de la personnalité. Que l'on dise à quelqu'un la solution de l'énigme de l'univers. Qu'on la lui pose toute faite dans la main ! Le myste trouvera que la réponse est un vain mot, si la personnalité ne vient pas au devant de la parole de vie dans l'attitude juste. Cette parole n'est rien par elle-même ; elle s'évanouit si le sentiment ne prend pas feu, comme il le doit, à son toucher. Qu'une divinité s'avance vers toi ! Elle sera tout ou rien. Elle ne sera rien, si tu vas au-devant d'elle comme au-devant d'un homme ordinaire. Elle sera tout, si ton âme est accordée pour la comprendre. Ce qu'elle est en elle-même ne saurait te toucher ; mais qu'elle te laisse tel que tu étais ou qu'elle fasse de toi un autre homme, voilà l'important. Or cela dépend essentiellement de toi. Il faut qu'une certaine éducation, un développement des forces les plus intimes de ta personnalité t'ait préparé, pour que s'allume et jaillisse ce qu'un Dieu peut allumer et faire jaillir de ton âme. Cela dépend de la manière dont tu reçois ce qu'on t'apporte. Plutarque nous dit quelque chose de cette éducation. Il nous fait connaître le salut que le myste adresse à la divinité qui s'approche de lui : « Car lorsque nous nous approchons du sanctuaire, le Dieu, comme pour nous saluer, nous adresse cet appel : « Connais-toi toi-même ! » ce qui est une formule non moins significative que le vulgaire : « Réjouis-toi ! » par lequel les hommes s'abordent entre eux. Alors nous, à notre tour, nous disons au Dieu : « EI, tu es ! » comme pour affirmer que la vraie, la seule appellation qui lui convient, et convient à lui seul, c'est de déclarer « qu'Il Est. » Pour nous en effet l'existence n'est réellement en aucune façon notre partage. Toute nature périssable, placée entre la naissance et la destruction, n'offre qu'une apparence, qu'une vague et incertaine opinion d'elle-même... « On ne saurait, dit Héraclite, descendre deux fois dans le même fleuve. » On ne peut non plus saisir deux fois dans le même état une substance mortelle.

La promptitude et la rapidité des changements désunit les molécules, les rapproche de nouveau ; ou plutôt, il n'y a ni renouvellement, ni temps postérieur, mais simultanéité constante entre la cohésion et la dissolution, entre le fait de paraître et celui de disparaître... En effet, l'homme mûr a disparu quand naît le vieillard ;

l'adolescent s'était anéanti pour laisser place à l'homme ; l'enfant pour faire place à l'adolescent ; le nourrisson dans le maillot pour faire place à l'enfant. L'homme d'hier est mort aujourd'hui, celui d'aujourd'hui sera mort demain. Mais si l'individu n'est plus le même, c'est, aussi, qu'il n'existe pas ; c'est qu'il subit des changements perpétuels ; c'est qu'il passe toujours d'un état à un autre. L'erreur vient de nos sens, qui, dans l'ignorance où nous sommes de ce qu'est véritablement l'être, nous font croire à la réalité de ce qui n'est qu'apparence [1]. »

Plutarque s'appelle lui-même souvent un initié. Ce qu'il nous décrit ici est la condition même de la vie du myste. Au début de cette nouvelle sagesse, l'esprit de l'homme transperce l'apparence mensongère de la vie des sens. Tout ce que les sens considèrent comme l'être et la réalité est plongé dans le fleuve du devenir. Telle est la condition de l'homme lui-même comme de tous les êtres. Il s'évanouit devant l'œil de l'Esprit : sa totalité s'émiette en morceaux, en apparitions éphémères. La naissance et la mort perdent leur signification distinctive ; elles ne sont plus que les moments d'une agglo-

1. PLUTARQUE, Œuvres morales *Sur l'inscription EI du temple de Delphes*, 17 et 18. Traduction Bétoland, t. II, p. 320.

mération et d'une désagrégation d'atomes comme tous les autres phénomènes de la vie. Nous ne saurions trouver l'Être suprême dans les rapports entre le devenir et la dissolution des êtres. On ne peut le trouver que dans ce qui est vraiment durable, dans ce qui regarde en arrière le passé et qui pressent l'avenir. Le nouveau degré de connaissance consiste dans ce regard jeté en arrière et en avant. C'est l'Esprit qui se manifeste dans le monde des sens. Il n'a rien à faire avec le devenir. Il ne naît ni ne meurt. Celui qui ne vit que dans le monde des sens porte en lui l'esprit latent. Celui qui a transpercé l'apparence mensongère du monde visible possède l'esprit en lui-même comme une réalité évidente.

Celui qui a acquis cette vie a développé en lui un nouveau membre. Il ressemble à une plante qui n'avait que des feuilles vertes et qui pousse hors de sa tige une fleur aux couleurs éclatantes. Certes, les forces qui font pousser la fleur existaient avant la floraison, mais elles ne sont devenues une réalité qu'avec elle. Les forces divines et spirituelles existent aussi, à l'état latent, dans l'homme qui ne vit que par les sens, mais elles ne deviennent une réalité manifeste que dans l'initié. En cela consiste la transformation qui s'est opérée chez le myste. Par son développement, il a ajouté au monde un élément nouveau. Le monde avait fait de lui un homme doué de sens et l'avait abandonné à lui-même. Par là, la nature a rempli sa mission. Son propre effort sur elle-même est épuisé, mais ses forces ne le sont pas. Elles dorment comme ensorcelées dans l'homme naturel et attendent leur délivrance. Elles ne peuvent se délivrer elles-mêmes ; elles s'évanouissent dans le néant, si l'homme ne s'en empare pour les faire évoluer, s'il n'éveille à la vie ce qui sommeille dans ses profondeurs.

La nature se développe de l'imparfait au parfait. De la matière inanimée, elle conduit les êtres, par une série de degrés, à travers toutes les formes vivantes jusqu'à l'homme doué de sens. Celui-ci ouvre les yeux sur lui-même et se perçoit comme un être changeant. Mais il perçoit de plus en lui les forces d'où ses sens sont nés. Ces forces, que l'homme porte en lui-même, lui prouvent comme des signes indubitables qu'il y a en lui autre chose que ce qu'il perçoit avec ses sens. Ce qui peut devenir par elles n'est pas encore.

Alors l'homme se sent tout à coup traversé par cet éclair qui a tout créé, y compris lui-même, et il sent que cette puissance divine lui donnera des ailes pour des créations supérieures.

Cette puissance est en lui, elle était avant lui, elle sera après lui. Il est devenu par elle, maintenant il peut la saisir et prendre part à sa propre création.

Tels sont les sentiments qui vivent dans le myste après l'initiation. Il sent l'Éternel, le Divin. Il sent que son action doit devenir un membre dans l'action créatrice de ce Divin. Il peut se dire : J'ai découvert en moi « un moi » supérieur, mais ce « moi » dépasse les limites de mon existence sensuelle ; il était avant ma naissance, il sera après ma mort.

Ce « moi » a créé de toute éternité, en toute éternité il créera. Ma personnalité physique est une création de ce « moi ». Il m'a incorporé ; il travaille en moi ; je suis une partie de lui. Ce que je créerai désormais est supérieur aux sens. Ma personnalité n'est qu'un moyen pour cette force créatrice, pour le Divin qui est en moi.

Ainsi le myste a vécu la naissance du dieu en lui-même.

Les mystes appelaient un démon (Daïmôn) cette force qui jaillissait en eux comme un éclair. Ils étaient les produits de ce démon. Il leur semblait alors qu'un nouvel être avait pris possession de leurs organes. C'était un être qui se plaçait entre leur personnalité physique et la toute-puissante force de l'univers, la divinité.

Le myste cherchait son démon.

Il se disait à lui-même : Je suis devenu homme dans la grande nature ; mais la nature n'a pas achevé sa tâche. Cet achèvement, je dois m'en charger moi-même. Mais je ne puis accomplir cette œuvre dans le grand royaume de la nature à laquelle appartient ma personnalité physique. Ce qui peut se développer dans cet empire a été développé. Il faut maintenant que je bâtisse dans le royaume de l'Esprit, là où la nature s'est arrêtée. Il faut me créer un air vital que je ne puis trouver dans la nature extérieure. Cet air vital on le préparait dans les temples où s'enseignaient les mystères. Là on éveillait ces forces dormantes ; on les transformait en forces créatrices, en natures spirituelles. Cette métamorphose n'était possible que par une délicate éclosion, qui n'eût pas supporté l'air du grand jour. Mais une fois que l'initié avait accompli sa tâche, il était devenu ferme comme un roc ; il pouvait sortir du temple et braver toutes les tempêtes. Seulement il devait se garder de communiquer aux profanes ce qu'il avait vécu.

Plutarque dit que les Mystères donnaient « les plus grandes révélations sur la nature des démons ». Et par Cicéron nous apprenons que dans les Mystères, « lorsqu'ils sont expliqués et ramenés à leur sens, on reconnaît plutôt la nature des choses que celle des dieux[1] ». Par ces confidences on voit que les mystes recevaient de plus hautes révélations sur la nature des choses que celles données par la religion populaire. On y voit que les démons, c'est-à-dire les êtres spirituels et les dieux eux-mêmes avaient besoin d'une explication. On en venait donc à parler d'êtres d'une nature supérieure à celle des démons et des dieux. Et cela était dans l'essence de la sagesse des Mystères.

Le peuple se représentait les démons et les dieux en images empruntées au monde des sens et à la réalité matérielle. Celui qui avait reconnu la nature de l'Éternel ne devait-il donc pas douter de l'éternité des Dieux ? Comment le Zeus de l'imagination populaire aurait-il pu être éternel, lui auquel on donnait les apparences d'un être éphémère ? Un objet du monde extérieur nous force à une conception particulière et très précise. La forme des Dieux a par contre quelque chose de libre et d'arbitraire. Le monde extérieur ne nous contraint pas de nous les figurer de telle ou telle façon. La réflexion nous apprend que pour la représentation des Dieux il n'y a pas de contrôle. De là une grande incertitude de l'esprit. L'homme commence à se sentir

1. Voir Plutarque, *De la décadence des oracles*, et Cicéron, *De la nature des dieux*.

le créateur de ses Dieux. Il se demande même : Comment en suis-je venu à dépasser la réalité dans le monde de mon imagination ? Le myste devait se poser de telles questions. C'étaient pour lui des doutes légitimes. Que l'on regarde, pensait-il, les images de tous les Dieux. Ne ressemblent-ils pas aux êtres qu'on aperçoit dans la vie ? Est-ce que l'homme ne les a pas créés en leur prêtant ou en leur ôtant telle ou telle qualité du monde visible ? Le sauvage qui aime la chasse se crée un ciel où l'on se livre aux chasses les plus divines. Le Grec peuplait l'Olympe de Dieux dont les modèles se trouvaient dans ses palais et dans sa maison.

Le philosophe Xénophane (né en 575 et mort en 480 av. Jésus-Christ), remarque ce fait avec sa rude logique. Nous savons que les anciens philosophes grecs dépendaient tous de la sagesse des Mystères. Nous démontrerons cela plus particulièrement à propos d'Héraclite. On peut donc considérer la pensée de Xénophane comme la conviction d'un myste. Il dit :

Les hommes se figurent les Dieux créés à leur image ;
Ils doivent avoir leurs sens, leur voix et leur corps.
Mais, si les bœufs et les lions avaient des mains,
Et savaient s'en servir pour peindre et modeler comme [les hommes,
Ils peindraient et sculpteraient les Dieux d'après leurs [propres corps.

Les chevaux les représenteraient comme des chevaux,
[et le bétail comme des bœufs.

Cette découverte peut induire l'homme à douter de tout ce qui est divin. Il peut rejeter la poésie des Dieux et ne plus croire qu'à la réalité de ce qu'il perçoit par les sens. Mais le myste ne devenait pas un douteur de cette espèce. Ce douteur, il le comprenait, est semblable à une plante qui dirait : Ma fleur rouge n'existe pas, car je me suis accomplie avec mes feuilles vertes ; ce que j'y ajoute n'est qu'une apparence trompeuse. Mais le myste ne pouvait pas en rester aux Dieux ainsi créés, je veux dire aux Dieux de la religion populaire. Si la plante pouvait penser, elle reconnaîtrait que les forces qui ont créé les feuilles vertes ont aussi créé la fleur rouge. Et elle n'aurait de repos qu'après avoir contemplé ces forces. Voilà ce que le myste faisait avec les Dieux populaires. Il ne les niait pas, il ne les déclarait pas vains, mais il savait que ces Dieux sont créés par l'homme. Les mêmes forces, le même élément divin qui agit dans la nature, agissait aussi dans le myste. Elles créent en lui des images des Dieux. Cette force qui crée les Dieux, il veut la voir ; elle est quelque chose de plus élevé. Xénophane y fait allusion.

Il est un Dieu plus grand que tous les hommes.
Son corps n'est pas celui des mortels, ni sa pensée leur pensée.

Ce Dieu était aussi celui des Mystères. On l'appelait un Dieu caché. Car l'homme ne saurait le trouver avec ses sens. Regarde les choses qui sont au dehors de toi ; tu n'y trouveras rien de divin. Fais un effort de raison ; tu pourras reconnaître d'après quelles lois les choses naissent et périssent ; mais ta raison elle-même ne te montrera rien de divin. Sature ton imagination de sentiment religieux ; tu peux te créer des images qui te sembleront des Dieux ; mais ta raison les mettra en pièces ; car elle te prouve que tu les as créées toi-même et que tu en as pris la matière dans le monde des sens. Au point de vue de la simple raison et du monde extérieur, on peut nier Dieu. Car Dieu n'apparaît ni aux sens ni à la raison explicative des choses.

Dieu est ensorcelé dans le monde et c'est sa propre force dont tu as besoin pour le trouver. Cette force, il faut la réveiller en toi. Tels étaient les enseignements que recevait le myste avant son initiation.

Et maintenant commençait le grand drame du monde dont il faisait partie vivante et intégrante. Le but de ce drame n'était rien moins que la délivrance du Dieu caché. Où est Dieu? Cette question brûlait au cœur du myste. Dieu n'est pas, mais la nature est. C'est dans la nature qu'il faut le trouver. Car il s'est enseveli en elle comme en un tombeau enchanté. Ces mots : Dieu est l'Amour, le myste les entendait dans un sens supérieur. Car Dieu a poussé cet amour à l'extrême ; il s'est sacrifié lui-même par un amour infini ; il s'est répandu, il s'est morcelé dans la multiplicité des êtres : ils vivent et il ne vit pas. Il sommeille en eux. L'homme peut le réveiller. S'il veut lui donner l'existence, il faut qu'il le délivre en créant.

L'homme, ainsi éclairé, tourne son regard en dedans et se regarde lui-même. Il s'écoute. Comme une puissance créatrice cachée, mais encore dépourvue d'existence visible, il entend la pulsation du Divin dans son âme. Dans cette âme il y a une place où le Dieu ensorcelé peut revivre. L'âme est la mère qui a conçu le Dieu de la nature. Que l'âme se laisse féconder par la nature et elle enfantera le Divin. Dieu est né de ce mariage de la nature et de l'âme. Or ce n'est plus un Dieu caché, mais un Dieu manifesté. Il est vivant, il marche parmi les hommes. C'est le Dieu réveillé de son sommeil magique, le fils du Dieu ensorcelé. Ce n'est pas le grand Dieu qui était, qui est et qui sera, mais dans un certain sens il l'est quand même: pour l'homme, le fils de Dieu est né de sa propre âme. La connaissance mystique devient par là un événement réel dans le processus du monde. C'est un événement aussi réel que tout autre événement de la nature, seulement il se déroule sur un plan supérieur.

Le grand secret du myste est qu'il crée lui-même son Dieu, mais qu'il se prépare d'abord à reconnaître ce Dieu créé par lui. Un non myste ne peut pas connaître ce Dieu. Il lui manque le sentiment du père de ce Dieu. Car ce père est endormi d'un sommeil magique. Le fils paraît né d'une vierge. L'âme semble l'avoir mis au monde sans avoir été fécondée. Tous ses autres enfants elle les a reçus du monde des sens. Là on peut voir, on peut toucher le père. Il vit pour les sens. Le Fils de Dieu seul est conçu du Dieu caché, du Père Éternel lui-même.

CHAPITRE III

LES SAGES GRECS AVANT PLATON A LA LUMIÈRE DE LA SAGESSE MYSTIQUE

Des faits nombreux nous prouvent que la sagesse philosophique des Grecs ressortait du même état d'âme que la sagesse des Mystères. On ne comprend les grands philosophes qu'en les abordant avec la disposition d'esprit que les Mystères nous ont fait connaître. Avec quel respect Platon parle des « doctrines secrètes » ! — « Il semble presque, dit-il, que les ordonnateurs de l'initiation n'étaient rien moins que des gens ordinaires. Depuis longtemps ils nous font savoir que celui qui entre dans l'autre monde, sans être initié et sanctifié, tombe dans la fange, que le purifié et l'initié au contraire y habite avec les Dieux. Car, disent les maîtres de l'initiation, il y a beaucoup de gens qui portent le thyrse et peu de véritables enthousiastes. Or, les véritables enthousiastes sont, d'après moi, ceux qui ont pratiqué la sagesse de la vraie manière. Pour mon compte, je m'y suis efforcé par tous les moyens. » Ainsi celui-là seul a le droit de parler des Mystères qui a mis son désir d'initiation au service de l'état d'âme généré par les Mystères.

Il est donc hors de doute que les paroles des philosophes grecs ne prennent tout leur sens qu'à la lumière des Mystères.

Le rapport intime d'Héraclite d'Éphèse (qui vécut entre 535 et 475) avec les Mystères nous est prouvé par une tradition qui appelle ses pensées « un sentier impraticable » et qui annonce « l'obscurité et les ténèbres » à celui qui s'y engage sans initiation, en ajoutant que ce même sentier devient « plus clair que le soleil » pour celui qui marche conduit par un myste. Et, lorsqu'on raconte de ce livre qu'il le déposa dans le temple d'Artémis, cela veut dire que les seuls initiés pouvaient le comprendre [1]. Héraclite était appelé « l'Obscur » parce que seul le flambeau des Mystères pouvait éclairer ses idées.

Héraclite nous apparaît comme une person-

1. Voir le livre de Edmund Pleiderer, *Die Philosophie des Heraklit von Ephesos im Lichte der Mysterien Idee*. Berlin, 1886. — On trouve rassemblés dans ce livre tous les documents historiques sur les rapports d'Héraclite avec les Mystères.

nalité qui prenait la vie au grand sérieux. Il avait le sentiment que les mots ne pouvaient qu'indiquer sa science intime mais non l'exprimer. Cela ressort du ton de sa pensée. Sa maxime « Tout coule » πάντα ῥύει, ce qui veut dire « toutes les choses sont dans un flux perpétuel », ressort de cet esprit. Plutarque l'explique ainsi : « On ne descend pas deux fois dans le même fleuve et on ne touche pas deux fois un être mortel. Par sa violence et sa rapidité, il se disperse et se rejoint, il va et vient de mille manières. » L'homme qui pense ainsi a pénétré la nature des choses périssables. Car il a éprouvé le besoin de caractériser leur essence sous la forme la plus aiguë. On ne peut pas donner une telle caractéristique quand on ne mesure pas l'Éphémère avec l'Eternel, et en particulier on ne peut pas étendre cette caractéristique à l'homme quand on n'a pas regardé dans son intérieur. Or, Héraclite a étendu cette caractéristique à l'homme. « La vie et la mort, la veille et le sommeil, la jeunesse et la vieillesse sont la même chose. L'un se change en l'autre et l'autre redevient le premier. » Cette sentence exprime l'absolue conviction que notre personnalité inférieure n'est qu'une vaine apparence. Il le dit plus énergiquement encore : « Il y a de la vie et de la mort dans le fait de vivre comme il en y a dans le fait de mourir. » Cela veut dire qu'au point de vue de l'éphémère seulement la vie a plus de prix que la mort. Mourir c'est périr pour faire place à une vie nouvelle ; mais l'Éternel vit dans cette vie nouvelle comme dans l'ancienne. Le même élément éternel apparaît dans la vie périssable comme dans la mort. Une fois que l'homme a saisi cet élément éternel, il considère la mort et la vie avec la même égalité d'âme. La vie n'a pour lui une valeur particulière que s'il ne parvient pas à éveiller en lui cet élément éternel. On peut répéter mille fois la maxime : « Tout est dans un flux perpétuel », si on ne la prononce pas dans ce sentiment, elle est vaine. La connaissance de l'éternel devenir est sans prix pour nous, si elle ne nous élève pas au-dessus de ce devenir. C'est le détachement du désir de vivre qui se jette sur l'éphémère qu'Héraclite a en vue dans cette sentence. Comment pourrions-nous dire de notre vie quotidienne : « Nous sommes » quand, au point de vue de l'Éternel, nous savons que « nous sommes et ne sommes pas » (Fragments d'Héraclite, n° 81). « Hadès et Dionysos sont un seul et même Dieu. » Dionysos, le Dieu de la joie de vivre, de la germination et de la croissance, est celui pour lequel on célébrait les fêtes dionysiaques ; pour Héraclite il est le même que Hadès, le Dieu de la destruction et de l'anéantissement.

Celui qui voit la mort dans la vie et la vie dans la mort, celui-là seul voit sous leur vrai jour les défauts et les avantages de l'existence. Alors les défauts eux-mêmes se justifient, car l'Éternel vit aussi en eux. Ils sont autre chose à ce point de vue qu'au point de vue de la vie inférieure. » « L'accomplissement de leurs désirs ne serait pas un bonheur pour les hommes. La maladie rend la santé douce et bonne, la faim fait apprécier la nourriture et le travail le repos. » — « La mer est l'eau la plus pure et la plus impure ; elle est potable et salutaire aux poissons, impotable et pernicieuse aux hommes. » Ce qu'Héraclite veut démontrer en première ligne, ce n'est pas la fragilité des choses terrestres, mais la splendeur et la majesté de l'Éternel. Héraclite s'est permis des propos violents contre Homère et Hésiode. Il leur en veut de leur manière de penser qui ne s'attache qu'aux choses périssables. D'autre part, une science qui ne s'occupe que des lois du devenir et de la mort ne lui paraissait pas la science suprême. Pour lui, un Être Éternel parle à travers les choses périssables. Pour désigner cet Être Éternel, il se sert d'un profond symbole. « L'harmonie du monde revient sur elle-même comme la lyre et comme l'arc. » Que ne peut-on voir dans cette image ? Les forces qui se disjoignent en sens opposé pour se rejoindre par une courbe créent l'unité. Les notes diverses se contredisent mais produisent ensemble l'harmonie. Appliquez ce principe au monde de l'esprit et vous aurez cette pensée d'Héraclite : « Les Immortels sont mortels, et les mortels sont Immortels. Les premiers vivent la mort des hommes ; les autres meurent la vie des Dieux. »

Faute originelle, la faute-mère de l'homme est de s'attacher aux choses périssables avec sa connaissance. Par là la vie devient un danger. Ce qui advient à l'homme lui arrive par la vie. Mais ces événements perdent leur aiguillon s'il n'attache plus à la vie une valeur absolue. Alors il retrouve son innocence comme si du soi-disant sérieux de la vie il pouvait revenir à l'insouciance de l'enfant. L'adulte prend au sérieux une foule de choses qui servent de jouet à l'enfant. Considérées du point de vue de l'Éternité, des valeurs importantes perdent leur valeur. Voilà pourquoi Héraclite appelle l'Éternel « un enfant qui joue » et l'Éternité « le règne d'un enfant ». En quoi consiste la faute originelle ? A prendre au grand sérieux ce qui ne mérite pas d'être pris ainsi. Dieu s'est déversé dans l'univers. Celui qui accepte les choses sans y trouver Dieu, prend « les tombeaux de Dieu » pour Dieu lui-même. Pour être sage, il devrait jouer avec les choses comme l'enfant; et employer son sérieux à en faire sortir le Dieu ensorcelé qui y sommeille.

La contemplation de l'Éternel brûle et consume l'idée illusoire que l'homme se fait vulgairement des choses. L'esprit dissout les pensées qui viennent des sens, il les fait fondre. Il est un feu dévorant. Tel est la signification transcendante de cette pensée d'Héraclite, qui fait du Feu la substance primordiale de toute chose. Sans doute il faut prendre cette pensée tout d'abord comme une explication physique des phénomènes de l'univers. Mais personne ne comprend Héraclite qui ne pense pas de lui ce que Philon, vivant aux premiers temps du christianisme, pensait dès lors de la Bible.. « Il y a des gens, dit-il, qui ne prennent les lois écrites que pour des symboles de doctrines spirituelles, qui recherchent soigneusement ces symboles et méprisent les lois elles-mêmes. Je ne puis que blâmer ces personnes, car elles devraient songer aux deux choses : à la connaissance du sens caché et à l'observance du sens apparent. » Discuter la question de savoir si Héraclite a entendu par « le Feu » le feu physique. ou si « le Feu » n'était pour lui qu'un symbole de l'Esprit éternel, qui dissout et recompose toute chose, c'est dénaturer sa pensée. Il a voulu dire ces deux choses et aucune des deux. Car pour lui l'Esprit universel vivait aussi bien dans le feu ordinaire que dans le cerveau de l'homme. Et la force, qui agit dans le feu comme force physique, agit sur un plan supérieur dans l'âme humaine qui fond dans ses creusets la fragile sagesse des sens pour en tirer la conscience de l'Éternel.

Héraclite est un des philosophes qu'on peut méconnaître le plus facilement. Il fait du « Combat », πόλεμος, le père des choses. Or, le Combat est bien le père des choses, mais non le père de l'Éternel. S'il n'y avait pas de contradictions dans le monde, si les intérêts les plus divers n'y entraient pas en lutte, le monde du devenir et des choses n'existerait pas. Mais ce qui se manifeste dans cette lutte, ce qui la rythme et l'enveloppe, ce n'est pas le Combat, c'est l'Harmonie. Justement parce que la guerre est dans les choses, l'esprit du sage doit y passer comme le feu et les changer en harmonie.

De ce point rayonne une des grandes pensées de la sagesse d'Héraclite. Qu'est-ce que l'homme comme être personnel ? C'est par le développement de cette idée qu'Héraclite répond à cette question. L'homme est formé des éléments contraires dans lesquels la divinité s'est déversée. Ainsi il se trouve et découvre en lui-même l'esprit qui a sa racine dans l'Éternel. Cet esprit naît de la lutte des éléments entre eux. Mais cet esprit doit aussi calmer les éléments. Dans l'homme la nature créatrice se dépasse elle-même. C'est la force universelle qui a engendré la lutte et le mélange — et qui doit maintenant apaiser cette lutte par sa sagesse. Nous touchons ici du doigt la grande dualité qui vit dans l'homme, le déchirement de son âme entre le Temporel et l'Éternel. Par l'Éternel il est devenu quelque chose de tout à fait déterminé ; de cet être déterminé, il doit créer un être supérieur. Il est dépendant et indépendant. Il ne peut prendre part à l'Esprit éternel qu'il contemple que dans la mesure du mélange que cet Esprit a créé en lui. Et c'est précisément pour cela qu'il est appelé *à former de l'Éternel avec du Temporel*. L'esprit agit en lui, mais il agit d'une certaine façon. Il agit par le Temporel. Qu'une chose périssable puisse agir comme une chose éternelle, qu'elle s'accroisse et se dynamise jusqu'à devenir une puissance indestructible, voilà le trait particulier de l'âme humaine. Cela fait qu'elle ressemble à la fois à un Dieu et à un ver de terre. Par là l'homme tient le milieu entre Dieu et l'animal. Cette force de croissance et de puissance grandissante est son élément démonien [1].

1. J'emploie le mot de *démonien* au lieu du mot *démoniaque* pour lui rendre le sens noble et hautain qu'il avait

« Le Démon de l'homme est sa destinée », telle est la définition frappante qu'Héraclite donne de l'élément démonien. Pour lui l'essence vitale de l'homme dépasse de beaucoup sa personnalité. L'homme est le porteur de son démon, et ce démon n'est pas enfermé dans les limites de sa personnalité. Pour lui la naissance et la mort de la personnalité humaine n'a pas d'importance.

Quel est donc le rapport entre cet élément démonien qui dure et l'élément personnel qui naît et qui périt ? La personnalité humaine n'est qu'une forme passagère, une manifestation partielle du démon qui l'adombre et l'illumine. Celui qui a reconnu son démon commence à regarder au-delà de lui-même, en arrière et en avant. L'expérience des choses démoniennes qu'il a vécues lui prouve sa propre éternité. A ce démon, à cette âme divine il ne peut plus attribuer la seule fonction de remplir sa personnalité terrestre. Car cette personnalité n'est

dans l'initiation hellénique. Le péjoratif *démoniaque* a pris avec l'Église romaine le sens d'esprit inférieur et d'esprit du mal, tandis que le terme *Daïmôn* avait pour le Grec le sens d'un esprit supérieur, d'un génie divin et bienfaisant. C'est parce que l'Église a supprimé l'initiation à partir du quatrième siècle qu'elle a terni le sens du mot Daïmôn et calomnié l'initiation grecque. L'homme ne devait plus faire son salut que par l'Église et du moment qu'il le cherchait à travers son propre génie, celui-ci était taxé d'infernal.

NOTE DU TRADUCTEUR.

qu'une des formes sous lesquelles ce démon se montre au jour. Le démon ne peut pas s'enfermer dans une seule personnalité ; il a la force d'en animer beaucoup. Il est capable de se mouvoir de personnalité en personnalité. La grande pensée de la métempsycose sort d'elle-même des prémices d'Héraclite. Et ce n'est pas seulement la pensée, c'est *l'expérience* de cette migration d'âme qui en jaillit. La pensée ne fait que préparer l'expérience. Celui qui découvre l'élément démonien dans son être, ne le trouve pas comme une chose innocente, comme une feuille blanche. Il le trouve doué de propriétés. D'où lui viennent-elles ? Pourquoi ces facultés ? Parce que d'autres ont déjà travaillé à mon démon. Et que devient le travail que j'accomplis sur mon démon, du moment que son rôle ne finit pas avec ma personnalité ? Je travaille pour une personnalité future. Entre moi et le principe universel s'interpose quelque chose qui me dépasse ; mais qui n'est pas encore de même nature que la divinité. C'est mon démon qui se place entre elle et moi. Mon Aujourd'hui n'est que le produit de mon Hier ; mon Demain sera le produit de mon Aujourd'hui, ainsi ma vie est le fruit d'une vie précédente et sera la semence d'une vie future. De même que l'homme voit de nombreux jours vécus derrière lui et de nombreux jours à vivre devant sa route, ainsi l'âme du sage aperçoit de nombreuses vies dans son passé et de nombreuses vies dans son avenir. Les pensées, les aptitudes que j'ai acquises hier, je m'en sers aujourd'hui. N'en est-il pas ainsi dans la vie? Les hommes n'entrent-ils pas avec les facultés les plus diverses dans l'horizon de l'existence? D'où vient cette diversité? Vient-elle du néant?

Nos sciences naturelles se vantent hautement d'avoir chassé la notion du miracle du domaine de la vie organique. David Frédéric Strauss (dans son livre sur *la Vieille et la Nouvelle Foi*) considère comme une grande conquête des temps nouveaux que nous ne nous figurions plus un être complètement organisé comme un miracle sorti du néant. Nous comprenons la perfection quand nous pouvons l'expliquer comme un développement de l'imparfait. La structure du singe n'est plus un miracle, si nous considérons comme ses ancêtres les poissons primitifs dont il est graduellement sorti. Prenons donc l'habitude d'admettre comme naturel dans le domaine de l'esprit ce que nous trouvons légitime dans le domaine de la nature. Faut-il qu'un esprit parfait ait la même origine qu'un esprit imparfait? Les conditions du génie d'un Gœthe seront-elles les mêmes que celles d'un Hottentot? Les antécédents d'un singe ressemblent aussi peu à ceux d'un poisson que les antécédents de l'esprit de Gœthe à celui d'un sauvage. La lignée des ancêtres de l'esprit de Gœthe est plus longue que celle de l'esprit d'un sauvage. Que l'on considère en ce sens la doctrine de la migration des âmes et l'on n'y verra plus rien d'anti-scientifique. Au contraire, on y trouvera la raison des inclinations particulières, et des facultés de chaque âme. On n'acceptera plus la donnée de chaque individualité comme un miracle. Si je sais écrire, je le dois au fait de l'avoir appris. Celui qui n'a jamais tenu une plume en main ne peut pas se mettre à écrire d'un moment à l'autre. Mais on admet implicitement qu'un homme venu au monde avec « un coup d'œil génial » le doit à un miracle. Eh bien non, ce « coup d'œil génial » doit être lui aussi une acquisition : il faut qu'il ait été appris. Lorsqu'il apparaît dans une personnalité, nous l'appelons un don du ciel ou « l'éclair du démon qui jaillit de l'homme ». Mais ce démon lui aussi a été à l'école. Il s'est acquis dans une vie précédente le pouvoir qu'il met en œuvre dans celle-ci.

C'est sous cette forme et sous cette forme *seulement* que Héraclite et d'autres sages grecs concevaient la pensée de l'éternité. Il n'était pas question chez eux d'une continuation de la personnalité terrestre après la mort. Qu'on relise à cet égard certains vers d'Empédocle (490-430 avant Jésus-Christ.) Il dit de ceux qui n'acceptent les données de l'expérience que comme des miracles :

Ce sont des insensés, car leurs pensées ne vont pas loin
Ceux qui croient que ce qui n'a pas été peut devenir,
Ou que quelque chose peut mourir et disparaître entiè-
[rement.
Aucune existence ne peut sortir du Non-Être ;
Il est impossible aussi que ce qui est périsse tout à fait ;
Car où qu'on le relègue, il sera là.

Celui qui a compris cela ne croira jamais
Que les hommes ne vivent que pendant ce qu'on appelle
[leur vie
Et n'éprouvent qu'alors peines et joies,
Qu'ils n'aient pas été avant leur naissance et ne seront
[pas après leur mort.

La question de savoir *si* l'homme renferme une essence éternelle n'était même pas posée par le sage grec, mais celle seulement de savoir en quoi consiste cet élément éternel et comment l'homme peut l'enclore et le cultiver en lui. Car il était évident pour lui dès l'abord que l'homme est un intermédiaire entre le terrestre et le divin. Il n'était pas question d'un divin en dehors et au-delà du monde. Le Divin vit dans l'homme ; il y vit d'une façon humaine. Il est la force qui pousse l'homme à se rendre de plus en plus divin. Celui-là seul qui pense ainsi peut dire comme Empédocle :

Si quittant le corps tu t'élances vers le libre éther,
Tu deviendras un Dieu immortel, échappant à la mort.

Que peut-on faire à ce point de vue pour une vie humaine ? On peut l'introduire dans le cercle magique de l'Éternel. Car, dans ce cercle, il y a des forces que la simple vie naturelle ne développe pas. Et cette vie pourrait passer inutile, si ces forces demeuraient inemployées. En ouvrir la source ; rapprocher par là l'homme du divin ; telle était la tâche des Mystères. Telle était aussi la tâche des sages grecs. Ce point de vue nous fait comprendre la déclaration de Platon : « Celui qui descend aux enfers [1] sans avoir été initié et sanctifié s'enlise dans la fange, mais l'homme pur et initié échappe à la mort et habite avec les Dieux. » Il s'agit ici d'une pensée d'immortalité dont la signification rentre dans l'édifice de l'univers. Tout ce qu'entreprend l'homme

1. Pour le sage grec comme pour l'initié *descendre aux enfers* ne voulait pas dire, comme pour l'homme ordinaire, entrer dans le royaume souterrain du Hadès. Pour eux l'enfer ne signifiait pas *un lieu* mais *un état* de l'âme après la mort lorsqu'elle passe du *plan physique* au *plan astral* appelé *Kama loca* ou sphère du désir par les Hindous et quelquefois *sphère de la pénétrabilité*, ou quatrième dimension, par les occultistes modernes. — NOTE DU TRADUCTEUR.

pour éveiller l'Éternel en lui, il le fait pour hausser la valeur de l'existence dans le monde. Il n'est pas un contemplateur oisif de l'univers, mais un centre de connaissance active qui se fait une image de ce qui existerait aussi sans lui. Sa force de connaissance est une puissance supérieure, une force créatrice de la nature. L'esprit, qui jaillit par étincelles de sa conscience, est le feu divin qui dormait en lui et qui, sans le choc de sa volonté, serait demeuré enseveli attendant un autre exorciseur. Ainsi la personnalité humaine ne vit pas en elle-même et pour elle-même, elle vit pour le monde. La vie s'élargit bien au-delà de l'existence individuelle quand on la considère de ce point de vue. Il nous fait comprendre cette pensée de Pindare qui nous ouvre une échappée sur l'Éternel : « Bienheureux qui a vu les Mystères et descend ensuite sous la terre creuse. Il connaît la fin de la vie, il connaît son commencement annoncé par Zeus. »

On comprend l'attitude hautaine et la vie solitaire des sages comme Héraclite. Ils pouvaient affirmer fièrement d'eux-mêmes que beaucoup de choses leur avaient été révélées, car ils n'attribuaient pas leur connaissance à leur personnalité terrestre, mais au Daïmôn éternel qui était en eux. Leur orgueil avait pour revers un sceau d'humilité, et leur modestie s'exprime dans ces paroles : Toute science des choses périssables est dans un flux perpétuel comme ces choses elles-mêmes. Héraclite appelle l'univers éternel un jeu ; il pourrait l'appeler aussi bien la chose digne du plus grand sérieux. Mais l'emploi du mot « sérieux » a perdu sa force par son application aux événements terrestres. Au contraire, la contemplation du jeu, auquel se livre l'Éternel avec les choses périssables, rend à l'homme la sécurité de la vie qu'il avait perdue en prenant ces choses au sérieux.

Une autre conception de l'univers est sortie des associations mystiques, c'est celle de la communauté pythagoricienne, fondée au sixième siècle avant Jésus-Christ par Pythagore dans l'Italie méridionale. Les Pythagoriciens voyaient dans les nombres et dans les figures géométriques, dont ils étudiaient les lois par les mathématiques, le fond des choses. Aristote dit d'eux dans son histoire de la philosophie : « Ils étudiaient d'abord les mathématiques, et en s'y absorbant tout entiers ils tenaient leurs principes pour les principes de toute chose. Or, comme dans les mathématiques les nombres sont par nature la chose première et qu'ils croyaient voir dans les nombres beaucoup d'analogies avec les choses et leur devenir et des analogies plus réelles qu'avec le feu, la terre et l'eau, ils prenaient telle qualité des nombres pour la justice, telle autre pour l'âme et pour l'esprit, telle autre encore pour le temps et ainsi pour tout le reste. Ils trouvaient ensuite dans les nombres les propriétés et les rapports de l'harmonie, et ainsi toutes les choses leur semblaient par leur nature une image des nombres et les nombres la première chose de la nature. »

L'examen mathématique et scientifique de la nature ramène forcément à un certain pythagorisme. Quand une corde d'une certaine longueur est touchée. il se produit un certain ton. Si l'on raccourcit la corde de différentes longueurs selon des chiffres déterminés, des tons nouveaux se produiront. On peut exprimer en chiffres la hauteur des tons. La physique exprime aussi les rapports des couleurs par des nombres. Quand deux corps se combinent en un seul, une certaine quantité de l'un se combine toujours dans la même proportion avec une certaine quantité de l'autre. Le sens observateur des Pythagoriciens était dirigé sur ces lois de la Mesure et du Nombre qui sont dans la nature. Les figures géométriques jouent un rôle analogue dans la nature. L'astronomie par exemple est une mathématique appliquée aux corps célestes. Un fait avait pris une importance capitale pour l'imagination contemplative des Pythagoriciens. Voici ce fait capital. L'homme perçoit, à lui tout seul et par ces opérations purement intellectuelles, les lois des nombres et des figures. Lorsqu'il regarde ensuite la nature, il constate que les choses obéissent à ces lois qu'il a établies en lui-même selon les principes de son esprit. L'homme conçoit en lui-même l'idée de l'ellipse ; il en établit les lois. Et les corps célestes se meuvent dans le sens de ces lois déduites de sa raison. Il s'en suit rigoureusement que les opérations de l'âme humaine ne sont pas des fonctions différentes de celles du monde extérieur, mais que l'ordre éternel du monde s'exprime dans ces opérations. Le Pythagoricien se disait : Les sens montrent à l'homme les phénomènes physiques, mais ils ne lui montrent pas l'ordre harmonieux que suivent ces choses. Cet ordre harmonieux, l'esprit humain doit le trouver en lui-même avant de le retrouver dans le monde extérieur. Le sens profond du monde, ce qui le régit, sa loi éternelle et nécessaire, voilà ce qui apparaît dans l'âme humaine et ce qui devient en elle une réalité présente. *C'est dans l'âme que se révèle le sens de l'univers.* Ce sens ne réside pas dans ce que nous voyons, entendons et touchons, mais dans ce que l'âme tire de ses arcanes pour le mettre à la lumière. Les règles immuables sont donc cachées dans les profondeurs de l'âme. Qu'on descende dans l'âme : on y trouvera l'Éternel, Dieu et l'harmonie du monde. L'élément animique ne se borne pas à la substance corporelle qui est enfermée dans la peau. Car ce qu'enfante l'âme repliée sur elle-même, ce ne sont rien moins que les lois d'après lesquelles les mondes tournent dans les espaces célestes. L'âme ne réside pas dans la personnalité. La personnalité n'est qu'un organe pour l'expression de ce qui se passe dans les espaces célestes. Il y a comme un reflet de l'esprit de Pythagore dans ce qu'a dit un Père de l'Église, Grégoire de Nisse. « On dit que la nature humaine est quelque chose d'étroit et de limité, tandis que Dieu est infini, et l'on ajoute comment l'infiniment petit embrasserait-il l'infiniment grand ? Mais qui oserait prétendre que l'infini de la divinité est contenu dans l'étroite enceinte de la chair. Car la nature spirituelle de l'homme n'est pas enfermée dans les limites étroites de son corps. Il est vrai que la masse du corps est limitée par les corps voisins, mais l'âme s'étend librement dans tout l'univers par les mouvements de la pensée. »

L'âme n'est pas la personnalité, l'âme appartient à l'infini. A ce point de vue, les Pythagoriciens devaient tenir pour insensés ceux qui s'imaginent que la force animique s'épuise avec la personnalité.

Pour les Pythagoriciens comme pour Héraclite le point essentiel était le réveil de l'Éternel dans l'âme. Plus l'homme avait fait sortir l'Éternel de lui-même et plus il devait leur sembler grand. Le but de leur communauté était de développer le commerce de l'âme avec l'infini. L'éducation pythagoricienne consistait à conduire ses adeptes à cette communion. Cette éducation était donc une initiation philosophique, et les Pythagoriciens eurent bien le droit de dire que par leur mode de vie ils aspiraient au même but que les cultes des Mystères.

CHAPITRE IV

PLATON COMME MYSTIQUE

Si l'on veut se rendre compte du rôle que jouèrent les Mystères dans la vie spirituelle des Grecs, il suffit de considérer l'édifice de l'univers tel qu'il s'échafaude dans la cosmogonie de Platon.

Il n'y a qu'un moyen de comprendre complètement ce philosophe. Il faut le placer sous la lumière qui rayonne des Mystères.

Les disciples tardifs de Platon, les néo-platoniciens lui attribuent une doctrine secrète qu'il réservait aux plus dignes, et cela « sous le sceau du silence ». La doctrine de Platon avait donc des secrets pour les profanes comme la sagesse des Mystères elle-même. On a contesté l'authenticité de la septième lettre de Platon. Que cette lettre soit du maître lui-même ou d'un de ses disciples, peu nous importe. Le sentiment qu'elle exprime ressort de l'essence de la philosophie platonicienne. Voici un passage de cette lettre : « Beaucoup de personnes ont écrit et peut-être écriront sur le but suprême de ma philosophie, mais on ne doit attacher aucune foi à leurs paroles, soit qu'ils tiennent leurs assertions de moi-même ou de tierces personnes ou qu'ils les aient inventées. Il n'y a aucun écrit de moi-même sur ce sujet et il ne me serait pas permis d'en publier un pareil. Une telle chose ne peut s'exprimer en paroles comme d'autres doctrines. Il y faut une longue intimité avec l'objet de la connaissance et un effort assidu pour en pénétrer le fond. *Alors il semble qu'une étincelle jaillisse et allume dans l'âme une lumière qui dès lors s'entretient elle même* [1]. »

1. Cette lettre fort longue est la plus importante parmi les treize lettres conservées de la correspondance de Platon. C'est celle où il raconte en détail ses rapports avec Denys, tyran de Syracuse, qui l'avait appelé auprès de lui et chez lequel le philosophe d'Athènes séjourna longtemps dans l'espoir de rétablir la liberté dans cette ville avec un gouvernement aristocratique conforme à ses idées. On sait que Platon faillit perdre la vie dans cette aventure et ne revint à Athènes qu'après une longue captivité. Plutarque s'est servi de cette lettre dans sa *Vie de Dion*, qui osa, après le départ de Platon, reprendre son rôle auprès du tyran de Syracuse. Victor Cousin, après avoir reproduit cette lettre, dans le 13e volume de sa traduction des *Œuvres complètes de Platon* en reconnaît l'authenticité, mais conteste celle du

Ces paroles signifieraient l'impuissance personnelle de l'écrivain à exprimer sa pensée par des mots, si on n'y trouvait pas le sens des Mystères. Le sujet sur lequel Platon n'a pas écrit et ne voulait pas écrire devait être un sujet sur lequel toute écriture serait vaine. Ce devait être un sentiment, une sensation, une chose vécue qu'on ne pouvait acquérir par une communication immédiate mais seulement par une longue immersion de l'âme et de la volonté au cœur de toute vie. Il est question ici de l'éducation intime que Platon savait donner à ses élus. Pour eux « le feu » jaillissait de sa parole, pour les autres il n'en jaillissait que des idées.

La manière dont on aborde les Dialogues de Platon n'est pas indifférente. Selon l'état d'âme dans lequel on se trouve, leur action sera minime ou prodigieuse. De Platon à ses disciples passait une force supérieure au sens littéral de sa pensée. Là où il enseignait régnait le souffle

passage en question (cité par Steiner). Pourquoi ? Cousin ne le dit pas, mais on devine la raison de ce jugement péremptoire. La critique moderne nie *a priori* que Platon et d'autres philosophes grecs aient pu avoir un enseignement secret parce que cela gène ses idées préconçues. Elle nie de même l'importance des Mystères d'Eleusis alors que toute l'antiquité l'affirme d'un seul cri et qu'ils sont la clef de la vie religieuse de la Grèce avec ceux de Delphes. Ce procédé commode pour écarter les objections graves ressemble à celui de l'autruche qui cache sa tête dans un buisson pour ne pas voir le chasseur. — NOTE DU TRADUCTEUR.

des Mystères. Sa parole éveillait des harmoniques dans les hautes régions de l'âme universelle, mais ces harmoniques avaient besoin de l'atmosphère des Mystères pour se communiquer à l'âme de ses auditeurs. Autrement la vibration expirait sans avoir été perçue.

Au centre des dialogues de Platon. se trouve la personnalité de Socrate. Il n'est pas nécessaire de toucher ici au côté historique de cette personnalité. Il s'agit pour nous du caractère de Socrate tel qu'il apparaît chez Platon. Socrate est une personne consacrée à la vérité par la mort. Il est mort comme peut seulement mourir un initié, pour lequel la mort n'est qu'un moment de la vie pareil à d'autres moments. Il s'approche de la mort comme d'un événement quelconque. Son attitude devant elle fut telle que ses amis mêmes ne purent éprouver les sentiments funèbres qui s'éveillent d'habitude à son ombre. Phédon dépeint ce singulier état d'esprit dans *le Dialogue sur l'immortalité de l'âme*. « — A la vérité, dit-il, je me trouvais pour ma part dans la plus étrange des dispositions. Je n'avais pas pour Socrate cette pitié qu'on ressent d'habitude en assistant à la mort d'un ami cher. Son attitude et ses paroles respiraient un si grand bonheur, sa fin fut si ferme et si noble qu'il semblait descendre aux enfers avec une mission non moins divine que celle qui l'amena en ce monde et devoir y jouir d'une félicité plus parfaite que celle d'aucun homme. Je ne sentis donc pas mon cœur s'amollir comme on aurait pu le croire à propos d'un si funèbre événement et je ne goûtais pas non plus cette sérénité qui accompagne d'ordinaire les entretiens philosophiques, mais je me trouvais dans une disposition merveilleuse et dans un mélange de joie et de peine en songeant que cet homme allait mourir dans un instant. » Socrate mourant instruit ses disciples de l'immortalité. La personne du sage, qui a l'expérience du peu de prix de la vie, fournit ici une démonstration autrement éclatante de la vérité que les déductions logiques et que tous les arguments de la raison. Il semble que ce ne soit pas un homme qui parle, car cet homme est en train de passer dans l'au-delà, mais on croit entendre par sa bouche la voix de l'éternelle Vérité, qui a élu domicile dans une personnalité périssable. Là où un être éphémère se dissout dans le néant, là règne un souffle de cet air où retentissent les harmonies de l'Éternel.

Dans ce dialogue nous n'entendons pas de preuves logiques de l'immortalité. Toute la conversation a pour but de conduire les amis au point de vue d'où ils apercevront l'Éternel.

Alors ils n'auront plus besoin de preuves. Faut-il donc démontrer que la rose que l'on a sous les yeux est rouge ? Pourquoi démontrerait-on l'éternité de l'esprit à celui dont on a ouvert les yeux pour qu'il aperçoive cet esprit ? Ce sont des expériences, des événements intimes dont parle Socrate. D'abord l'événement de la sagesse elle-même.

Que veut celui qui aspire à la sagesse ? Il veut se libérer de ce que les sens lui offrent dans l'observation quotidienne. Il s'applique à chercher l'esprit dans le monde des sens. N'est-ce pas là un fait qui peut se comparer à celui de la mort ? « Car, selon Socrate, ceux qui s'occupent de philosophie de la vraie manière ne s'appliquent pas à autre chose qu'à mourir et à être morts, sans que les autres s'en aperçoivent. S'il en est ainsi, il sera singulier que, ne s'étant occupés que de cela toute leur vie, le moment de la mort une fois venu, on les voit se rebeller contre la chose qu'ils ont désirée et poursuivie si longtemps. »

Pour corroborer cette opinion, Socrate demande à un de ses amis : « Te semble-t-il qu'il convienne au philosophe de s'inquiéter des plaisirs sensuels tels qu'une nourriture friande et la boisson ? ou des plaisirs de l'instinct sexuel ? et crois-tu qu'un tel homme s'inquiète beaucoup des autres besoins du corps, comme d'avoir de beaux habits, des souliers et autres ornements ? Crois-tu qu'il y attache plus d'importance que n'en exige le strict besoin de la vie ? Ne te semble-t-il pas que la préoccupation d'un tel homme doive se diriger non vers le corps, mais s'en détourner et se porter tout entière sur l'âme ? Voilà donc la première marque du philosophe : d'affranchir son âme plus que tout autre homme de la communauté du corps. »

Là-dessus Socrate peut affirmer que le désir de la sagesse a cela de commun avec la mort qu'il détourne l'homme des instincts corporels. Vers quoi se tourne-t-il donc alors ? Il se tourne vers la vie spirituelle. Mais peut-il demander à l'esprit ce qu'il demande aux sens ? Socrate s'exprime ainsi sur ce point : « Comment se produit la connaissance raisonnable ? Est-ce que le corps est un empêchement si on l'adopte comme compagnon dans l'effort vers la connaissance ? J'entends est-ce que la vue et l'ouïe procurent quelque vérité à l'homme ? Est-ce par pure métaphore qu'au dire des poètes nous n'entendons et ne voyons rien clairement ? Quand donc l'âme atteint-elle la vérité ? Car lorsqu'elle essaye de considérer quelque chose avec l'aide du corps, elle est évidemment trompée par lui. »

Voici, résumée d'après le Phédon, la réponse à cette question. Tout ce que nous percevons par les sens naît et meurt. Cette naissance et cette mort fait que nous sommes trompés ; mais quand notre raison intelligente regarde au fond des choses, ce qu'elles ont d'éternel nous est révélé. Ainsi les sens ne nous donnent pas l'Éternel. Ce sont des suborneurs, si nous leur accordons une confiance illimitée, mais ils cessent de nous tromper, si nous leur opposons l'intuition pensante et si nous soumettons leurs témoignages à cette intuition.

Mais comment l'intuition pensante pourrait-elle juger les affirmations des sens, si quelque chose de supérieur à leurs perceptions ne vivait pas en elle ? Donc ce qui décide en nous le jugement sur la vérité ou la fausseté des choses est une force opposée au corps physique et qui par conséquent n'est pas soumise à ses lois. Avant tout ce quelque chose ne peut obéir aux lois du devenir et de la destruction. Car ce quelque chose porte la vérité en soi. Or la vérité ne peut avoir ni un hier, ni un demain ; elle ne peut pas être un jour ceci et un jour cela, comme les objets des sens. Il faut donc que la vérité soit quelque chose d'éternel. Et, tandis que le philosophe se détourne des choses sensibles et périssables pour se tourner vers la vérité, il se tourne vers une chose éternelle qui est en lui. Plongeons-nous entièrement dans l'esprit et nous vivrons entièment dans la vérité. Alors le monde sensible autour de nous cesse d'exister. « Et celui qui accomplira le mieux cette besogne, dit Socrate, est celui qui aborde toute chose autant que possible avec l'esprit et ne permet ni à sa vue ni à aucun autre sens de se mêler à sa méditation et cherche à saisir toute chose en elle-même, en la séparant autant que possible des yeux et des oreilles, enfin de tout le corps qui ne fait que déranger la vue de l'âme, et ne lui permet pas d'atteindre la contemplation directe de la vérité quand il se met de la partie... Et maintenant la mort n'est-elle pas la délivrance et la séparation de l'âme et du corps ? Ceux qui cherchent le plus à l'en détacher sont les véritables philosophes. Telle est la grande tâche du philosophe : délivrer et séparer l'âme du corps... Celui-là donc serait un insensé, qui toute sa vie se serait arrangé pour se rapprocher le plus possible de la mort et qui se révolterait en face d'elle. En réalité les véritables amants de la sagesse aspirent à mourir et, de tous les hommes, ce sont eux qui craignent le moins la mort. » Socrate fonde toute la haute morale sur la libération de l'âme par rapport au corps. Celui qui n'obéit qu'à ce que lui ordonne son corps n'est pas moral. « Qui est courageux ? dit Socrate. Celui-là est courageux qui n'obéit pas à son corps mais aux exigences de son esprit, même lorsque celles-ci mettent son corps en danger. Qui est sage ? Le sage n'est-il pas celui qui ne se laisse pas entraîner par ses désirs et se montre vis-à-vis d'eux indifférent et chaste. Est-ce que toute sagesse ne revient pas à ceux-là seulement qui méprisent le plus le corps et ne vivent que de leur amour pour la vérité ? » D'après Socrate il en est ainsi de toutes les vertus.

De là Socrate passe à la caractéristique de la connaissance raisonnable. Qu'est-ce que la connaissance en général ? Sans aucun doute nous arrivons à la connaissance en nous formant des jugements. Soit ; je me forme un jugement sur un objet quelconque. Je me dis par exemple : ce qui est devant moi est un arbre. Comment est-ce que j'arrive à dire cela. Je ne le puis que si je sais d'avance ce que c'est qu'un arbre. Il faut que je me *souvienne de l'idée* que je me suis faite d'un arbre. Un arbre est une chose sensible. Quand je pense à un arbre, je me souviens d'un objet sensible. Je dis d'une chose : c'est un arbre, si elle ressemble à d'autres choses que j'ai remarquées précédemment et dont je sais qu'elles sont des arbres. *Le souvenir* est l'intermédiaire de la connaissance. Le souvenir permet la comparaison entre la multiplicité des choses sensibles. Mais cette opération n'épuise pas ma connaissance. Quand je vois deux choses pareilles, je me forme un jugement et je dis : ces deux choses sont pareilles. Mais dans la réalité jamais deux choses ne sont entièrement semblables. La similitude n'existe partout que sous un certain rapport. L'idée de la similitude surgit donc dans mon esprit, sans qu'elle existe dans le monde sensible. Cette idée m'aide à porter un jugement, comme le souvenir m'aide à la connaissance. De même que je me souviens d'autres arbres à propos d'un arbre, je me souviens de l'idée de la similitude en considérant deux choses sous un certain point de vue.

Il y a donc en moi des pensées et des souvenirs qui ne viennent pas de la réalité sensible.

Toutes les connaissances qui ne sont pas empruntées à la réalité se fondent sur de telles pensées. Toutes les mathématiques consistent en de telles pensées. Celui-là serait un mauvais géomètre qui ne saurait raisonner que sur des figures qu'il verrait de ses yeux et qu'il toucherait de ses mains. Nous avons donc des pensées qui n'ont pas leur origine dans la nature périssable, mais qui surgissent de l'esprit. Et celles-là précisément portent la marque de l'éternelle vérité. Ce qu'enseignent les mathématiques sera éternellement vrai, dût l'édifice du monde s'écrouler demain et un nouvel univers s'élever de ses ruines.

Quand l'âme est seule avec elle-même, alors seulement elle peut trouver ces vérités éternelles. L'âme est donc parente de l'Éternel, non pas de l'éphémère et de ce qui n'a qu'une apparence trompeuse. Voilà pourquoi Socrate dit : « Quand l'âme médite par elle-même, elle va droit à l'Être pur, immortel et toujours semblable à soi et, comme elle se sent parente de lui, elle s'y attache dès qu'elle a le bonheur de se retirer en elle-même. Alors elle se repose de ses erreurs, elle ne varie plus comme l'Éternel dont elle fait partie désormais. Cet état de l'âme nous l'appelons raisonnable... Vois maintenant si de tout ce que nous avons dit il ne ressort pas que l'âme ressemble le plus au Divin, à l'Immortel, au Raisonnable, à l'Unique, à l'Indissoluble, à l'Être toujours égal à lui-même. Au contraire, le corps ressemble à ce qui est humain et mortel, déraisonnable, multiforme, soluble et jamais égal à lui-même... Donc, s'il en est ainsi, l'âme va de son propre essor à ce qui lui ressemble, à ce qui est sans forme sensible, divin, immortel et raisonnable. Là elle parvient à être heureuse, à se délivrer de l'erreur, de l'ignorance, de la crainte, de l'amour désordonné et de tous les autres maux humains. Là elle vit, comme disent les initiés, véritablement le reste du temps avec Dieu. »

Nous n'avons pas l'intention de rappeler ici toutes les méthodes que le Socrate (de Platon) indique à ses amis pour atteindre l'Éternel. Elles témoignent toutes du même esprit. Elles démontrent que l'homme trouve une certaine chose quand il se livre à l'observation des choses périssables par les sens, et une autre quand l'esprit reste seul avec lui-même. C'est à cette source première et pure de l'esprit que Socrate convie ses fidèles. Qu'ils la trouvent, et leurs yeux spiritualisés verront que l'esprit est immortel. Socrate mourant ne démontre pas l'immortalité de l'âme, il montre simplement la nature de l'âme. Il résulte de cette nature que le devenir et le périr, la naissance et la mort n'ont rien à faire avec cette âme. L'essence de l'âme réside dans le vrai, et le vrai ne peut ni naître ni mourir. L'âme n'a donc rien à faire avec la mort. Ne faut-il pas dire de ce qui est immortel qu'il admet tout aussi peu la mortalité que le pair admet l'impair. Partant de là Socrate ajoute : Si l'immortel est impérissable, l'âme ne peut sombrer quand la mort approche d'elle. Car la mort ne peut l'admettre et l'âme ne peut pas plus mourir que le nombre trois peut devenir un nombre pair.

Que l'on embrasse d'un seul coup d'œil tout le dialogue de *Phédon*, et l'on verra que Socrate amène ses auditeurs à la contemplation de l'Éternel dans la personnalité humaine. Les disciples acceptent ses pensées, ils cherchent en eux-mêmes pour voir si dans les événements de leur vie intérieure il se trouve quelque chose qui leur permette de dire « oui » à ses idées. Ils font les objections qui s'imposent à eux. Qu'est-il arrivé aux auditeurs quand la conversation est terminée ? Ils ont trouvé quelque chose en eux-mêmes qu'ils n'avaient pas auparavant. Ce n'est pas seulement une vérité abstraite qu'ils ont adoptée, ils ont accompli un développement. Quelque chose est devenu vivant en eux qui ne vivait pas auparavant. Cela ne peut-il se comparer à une *initiation?* Et cela ne jette-t-il pas une vive lumière sur la raison pour laquelle Platon a exposé sa philosophie sous forme de dialogues ? Ces dialogues ne sont pas autre chose que la forme littéraire pour les événements des Mystères dans les lieux consacrés. Ce que Platon a dit lui-même en plusieurs endroits nous en persuade. Platon a voulu être dans l'enseignement philosophique ce que l'initiateur était dans les Mystères, dans la mesure où la philosophie peut communiquer la vérité. Dans quelle parfaite harmonie Platon se sent avec les Mystères ! Il ne se croit sur le bon chemin que lorsque ce chemin le conduit là où le myste doit être conduit. Il s'explique là-dessus dans *le Timée.* « Tous ceux, dit-il, qui sont tant soit peu dans la bonne disposition, invoquent les Dieux dans leurs petites et leurs grandes entreprises ; mais nous qui nous proposons d'enseigner le vrai sur l'univers créé et non créé, nous devons plus que les autres, si nous ne sommes pas dans une complète aberration, invoquer et prier les Dieux et les Déesses, afin d'enseigner ces vérités, tout d'abord dans leur esprit et ensuite en accord avec nous-mêmes. » A ceux qui poursuivent ce chemin, Platon promet « après le labyrinthe des errances et la lassitude des vaines recherches, une conclusion lumineuse sous l'égide de la divinité ».

* * *

C'est surtout *le Timée* qui nous dévoile le caractère mystique de la vision de l'univers d'après Platon. Dès le commencement il est question d'une « initiation ». Solon est « initié » par un prêtre égyptien sur le devenir des mondes et sur la manière dont les mythes traditionnels expriment d'éternelles vérités. « Il y a déjà eu plusieurs destructions d'une partie de l'humanité (dit le prêtre égyptien à Solon) et il y en aura d'autres encore, les plus considérables par le feu et par l'eau, d'autres moins grandes par d'innombrables autres causes. On raconte chez vous que jadis Phaéton, le fils d'Apollon, monta sur le char de son père. Comme il ne s'entendait pas à conduire l'attelage paternel, le char du soleil fut détourné de sa voie. Tout brûla sur la terre et lui-même tomba foudroyé par l'éclair. Ce récit ressemble à une fable. Il contient cependant une vérité. Lorsque les corps célestes qui tournent autour de la terre changent leurs mouvements, les choses qui se trouvent sur la terre sont détruites par le feu. Ces événements se produisent à certaines époques déterminées, séparées par de longs laps de temps. » — Ce passage du *Timée* nous montre clairement quelle sorte d'interprétation les initiés donnaient aux mythes populaires. Il reconnaît les vérités qui se cachent sous leurs symboles.

Le drame de la formation du monde nous est présenté dans *le Timée*. Celui qui suit les étapes qui conduisent à ce devenir des mondes, arrive au *pressentiment* de la force originelle d'où tout est sorti. « Il est difficile de trouver le créateur et le Père de ce Tout ; et quand on l'a trouvé, il est impossible de le faire comprendre clairement à tous. » Le myste savait ce que signifie cette « impossibilité ». Elle a trait au drame divin. Dieu ne se manifeste que par la nature. Celui-là seul peut s'en approcher qui éveille le divin en lui-même. On ne peut donc pas d'emblée le faire comprendre à tous. Mais à celui-là même qui s'approche de lui, il n'apparaît pas en personne. C'est ce qu'affirme *le Timée*. Le Père a construit l'Univers avec le Corps et l'Ame du monde. Lorsque, renonçant à sa vie propre, il s'est répandu dans les choses, il créa les éléments et les mêla harmonieusement en proportions parfaites. Ainsi naquit le Corps du monde, et l'Ame du monde est étendue sur lui *en forme de croix*. Elle est le Divin de l'Univers. Elle s'est donné la mort sur la croix pour que le monde puisse exister. Platon peut donc appeler la nature le tombeau du Divin. C'est en cherchant à délivrer l'âme du monde, crucifiée dans la nature, que l'homme apercevra la nature sous son vrai jour. Cette âme doit ressusciter de sa mort, elle doit être désensorcelée. Où peut-elle revivre ? Seulement dans l'homme initié. La sagesse trouve par là son vrai rapport avec le Kosmos. La résurrection, la libération de Dieu, voilà la vraie connaissance. Dans *le Timée*, le développement du monde se poursuit du parfait à l'imparfait. L'imagination se représente ce processus ascendant. Les êtres se développent.

Dieu se développe en eux. Le devenir est une résurrection de Dieu de sa tombe. A la fin, apparaît l'homme. Platon montre qu'avec l'homme il entre en scène quelque chose de nouveau. Il est vrai que l'univers entier est une chose divine et l'homme n'est pas plus divin que les autres êtres. Mais dans les autres êtres Dieu n'existe qu'à l'état latent, tandis que dans l'homme il se montre au grand jour. A la fin du *Timée* on lit : « Et maintenant nous oserons prétendre que notre étude du grand tout vient d'atteindre son but. Nous avons vu le monde se pourvoir et se remplir d'êtres mortels et immortels et devenir lui-même un être de ce genre, qui embrasse toutes les choses visibles ; une image du Créateur et du Dieu perceptible aux sens. Il est devenu ainsi le monde le plus grand, le meilleur, le plus beau et le plus parfait, le monde sorti de l'unité primordiale, l'Univers. »

Mais ce monde, fils de l'Unité, ce monde né Unique ne serait point parfait, si, parmi les images multiples qu'il renferme, ne se trouvait celle du Créateur lui-même. Or, cette image ne peut être enfantée que par l'âme humaine. Dieu le Père, l'Esprit infini demeure inaccessible dans sa profondeur insondable ; mais *le Fils*, le rejeton de Dieu, qui vit dans l'âme et qui est semblable au Père, voilà le Dieu que l'homme peut mettre au monde.

Philon d'Alexandrie, qu'on appelait en son temps une résurrection de Platon, nomme « fils de Dieu » la sagesse née de l'homme, sagesse qui vit dans le monde et qui contient la raison manifestée par lui. Cette raison universelle, ce *Logos*, apparaît d'abord comme le livre, dans lequel « l'état du monde est enregistré et marqué [1] ». Elle apparaît ensuite comme fils de Dieu. « Imitant les sentiers du Père, le Fils crée les Formes en regardant les Archétypes. » Philon platonisant s'adresse à ce Logos comme au Christ : « Dieu étant le premier et le seul roi de l'Univers, on a justement appelé le chemin qui conduit vers lui la Voie Royale. Considère comme tel la philosophie... Dans ce chemin marchait le chœur des antiques ascètes, qui se détournait de la magie enlaçante du plaisir pour s'adonner au culte noble et sérieux du Beau. Cette Voie Royale, que nous appelons la philosophie, est appelée par la Loi : « la Parole et l'esprit de Dieu [2]. »

Philon ressent comme une initiation le chemin

1. Ce livre est la lumière astrale qui renferme les Archétypes des choses en images fulgurantes. C'est ce même livre, dont parle l'Apocalypse, où les événements passés subsistent en tableaux vivants et glissent à l'œil du Voyant comme un panorama éthérique. — Note du Traducteur.

2. Dans la pensée de Philon, « la Loi » signifie l'ensemble de la tradition judéo-chrétienne, l'Ancien et le Nouveau Testament. — Du même.

qu'il prend pour rencontrer le Logos, qui est pour lui « le Fils de Dieu ». — « Je n'ai aucune répugnance à dire ce qui m'est arrivé mainte et mainte fois. A certains jours, quand je voulais fixer par l'écriture, de la manière habituelle, mes pensées philosophiques et que je voyais très nettement ce que je devais établir, je n'en trouvais pas moins mon esprit infécond et roidi, de sorte que je devais m'arrêter sans rien terminer. Dans mon impuissance, je m'étonnais alors de cette force mystérieuse qui donne à la pensée sa réalité et à laquelle il appartient d'ouvrir ou de fermer l'âme humaine. D'autres fois je me mettais au travail la tête vide et j'arrivais soudain, sans effort, à la plénitude. Comme des flocons de neige ou comme des grains de semence, mes pensées volaient invisibles d'en haut. L'Esprit me saisissait et me transportait comme une force divine, de sorte que je ne savais plus qui était en moi, qui j'étais, ce que je disais, ce que j'écrivais. Car alors j'avais trouvé le flux du discours, une lumière pleine de félicité, le regard perçant, la maîtrise du sujet, comme si l'œil intérieur voyait tout avec la plus grande clarté. »

Cette description illustre le mode de connaissance de l'adepte. Quand le Logos devient vivant dans son esprit, son âme se confond avec le Divin. Un autre passage de Philon dépeint cet état non moins clairement. « Quand l'esprit, saisi par l'Amour, prend son vol vers ce qu'il y a de plus saint, dans un élan de joie, armé d'ailes divines, il oublie tout le reste et lui-même. Rempli du souffle de Celui dont il est le satellite et le serviteur, il ne respire plus que par Lui et lui offre comme encens la plus sainte, la plus chaste vertu. »

Il n'y a que deux voies pour Philon. Ou bien — l'on s'attache au monde sensible, à ce que nous offre l'observation et la raison. Alors on se limite à sa personnalité, on se dérobe au Kosmos ; ou bien — l'on devient conscient de la force cosmique universelle ; alors on fait l'expérience de l'Éternel dans sa propre conscience. « Celui qui veut échapper à Dieu, dit encore le philosophe d'Alexandrie, retombe dans ses propres mains ; car il y a deux choses à considérer : l'Esprit universel qui est Dieu et notre propre esprit ; ce dernier, s'il veut échapper à lui-même, se réfugie dans l'Esprit universel. Car celui qui échappe à son propre esprit se dit qu'il n'est que néant et rattache tout à Dieu ; mais celui qui échappe à Dieu détruit la Cause première et fait de lui-même la cause de tout ce qui existe. »

La vision platonicienne de l'univers est à la

fois une connaissance de la vérité et une religion. Elle met la connaissance en rapport avec ce que l'homme peut atteindre de plus élevé par le sentiment. La connaissance ne vaut aux yeux de Platon que si elle assouvit l'âme tout entière. Elle est alors plus qu'une science, elle devient une essence de vie. Elle est un homme supérieur dans l'homme, cet homme dont la personnalité n'est qu'une pâle copie. Dans l'homme même s'enfante un être qui le dépasse, *l'homme primordial et transcendant*. Et c'est là encore un secret des Mystères incorporé dans la philosophie de Platon. Le père de l'Église, Hippolytos, fait allusion à ce secret dans le passage suivant : « Voilà le grand secret des prêtres de Samothrace (qui sont les gardiens d'un certain culte de Mystères), secret qu'il n'est pas permis de dévoiler, mais que connaissent les initiés. Ceux-ci parlent d'Adam comme de leur ancêtre et de l'Homme primitif universel. »

Le dialogue de Platon « sur l'Amour », *le Banquet*, représente lui aussi une initiation. Ici l'Amour apparaît comme l'Annonciateur de la Sagesse. Si la Sagesse est *la Parole* (Logos), *le Fils* de l'éternel Créateur des mondes, l'Amour est avec ce Logos dans une relation maternelle. Avant que la claire étincelle de la Sagesse-Lumière ne sillonne l'âme humaine, il faut qu'un obscur instinct, un élan vers le Divin se manifeste en elle. Il faut que l'homme se sente attiré inconsciemment vers cette lumière qui, une fois manifestée par sa conscience, deviendra son bonheur suprême. L'Amour s'allie à ce que Héraclite appelle le Démon (le Daïmôn ou le génie de l'homme). — Dans *le Banquet* de Platon, les hommes des rangs les plus divers et qui ont de la vie les conceptions les plus différentes s'expriment sur l'Amour : l'homme ordinaire, le politique, l'homme de science enfermé dans sa petite science, l'auteur comique Aristophane et le poète sérieux Agathon. Chacun a sur l'Amour des vues personnelles, conformes aux expériences qu'il a pu faire dans sa vie. La manière dont ils le comprennent montre à quel degré se trouve leur « Daïmôn » (leur génie). C'est l'Amour qui attire un être vers un autre être. La diversité, la multiplicité des choses dans lesquelles Dieu s'est répandu et dispersé, aspire à revenir par l'Amour à l'Unité, à l'Harmonie. L'Amour a donc quelque chose de divin. Mais il résulte de sa nature que chacun ne peut comprendre le Divin que dans la mesure où il y participe. Après que des hommes diversement placés dans la hiérarchie des êtres ont exprimé leur idée sur l'Amour, Socrate prend la parole. Il considère l'Amour au point de vue de l'homme qui cherche la connaissance. Pour lui l'Amour n'est pas un Dieu, mais il est quelque chose qui conduit l'homme à Dieu. Il ne considère pas Erôs comme une divinité, car Dieu est parfait ; il possède donc le Beau et le Bien. Mais Erôs n'a que le désir du Beau et du Bien. Il se place donc entre l'Homme et Dieu. Il est un Daïmôn, un intermédiaire entre le terrestre et le divin.

Il est remarquable que Socrate ne prétend pas donner ses propres pensées en parlant de l'Amour. Il prétend raconter seulement ce qu'une femme, pleine de sagesse, lui en a dit comme *une révélation*. C'est un art divinatoire qui lui apporte sa conception de l'Amour. Diotime, la prêtresse, a éveillé en Socrate *la force démonienne* qui doit conduire au Divin. Elle l'a initié.

Ce trait du *Banquet* de Platon renferme un sens profond. Qui donc est cette femme « pleine de sagesse » qui éveille le Daïmôn en Socrate ? Cette femme est plus qu'un simple ornement poétique. Elle est à la fois réelle et symbolique, extérieure et intérieure. Car une prêtresse vivante, si sage soit-elle, ne peut éveiller le Daïmôn dans une âme que si la force démonienne latente est contenue dans cette âme. On le voit, c'est la force d'âme qui précède l'éclosion de la sagesse que Socrate nous présente comme « la femme sage ». C'est le principe *maternel* qui enfante le fils de Dieu, la Sagesse, le Logos. La force d'âme inconsciente qui amène le Divin à la conscience se présente ici comme l'élément féminin. L'âme encore privée de sagesse est la mère de ce qui conduit au divin. Ceci nous amène à une conception importante de la mystique. L'âme est reconnue comme la mère du Divin. Elle y conduit l'homme inconsciemment avec la nécessité d'une force de la nature.

De ce point rayonne un faisceau de lumière. Il nous montre l'idée que la sagesse des Mystères se faisait de la mythologie. Le monde des Dieux est né dans l'âme. L'homme considère comme ses Dieux les images qu'il s'en forme, mais il faut qu'il arrive encore à une autre conception. Il faut qu'il transforme en images divines la force mystérieuse qui dormait en lui avant la création des Dieux. Derrière les Dieux, apparaît la mère du Divin, qui n'est autre chose que la force de l'Ame humaine. Voilà pourquoi l'homme a placé des Déesses à côté des Dieux.

Considérons sous ce jour le mythe de Dionysos. Dionysos est le fils de Zeus et d'une mère mortelle, de Sémélé. A la mère foudroyée, Zeus arrache l'enfant né avant le terme et le cache dans son propre flanc jusqu'à ce qu'il soit viable. Héra (Junon), la Mère des Dieux, excite les Titans contre Dionysos. Ils mettent l'adolescent en pièces. Mais Pallas Athéna sauve son cœur encore palpitant et l'apporte à Zeus. De ce cœur il engendre *le Fils* pour la seconde fois.

On peut apercevoir exactement dans ce mythe un processus qui s'accomplit au plus profond de l'âme humaine. Parlant dans le sens du prêtre égyptien qui enseignait à Solon le sens secret des mythes, on pourrait dire ceci : Ce qu'on raconte chez vous de Dionysos engendré par le Dieu et une mère mortelle, mis en pièces et enfanté une seconde fois, sonne comme une fable, mais la vérité qu'elle renferme c'est la naissance du Divin et sa destinée dans l'âme humaine. Le Divin se marie avec l'âme terrestre éphémère. Dès que l'élément divin et dionysiaque tressaille en elle, elle ressent une nostalgie violente de sa vraie figure. La conscience ordinaire, qui apparaît sous la figure d'une divinité féminine, devient jalouse de l'enfantement du Dieu par la conscience supérieure. Elle aiguillonne la basse nature de l'homme (les Titans). Le Dieu encore enfant est mis en pièces. Ainsi le Divin est présent dans l'homme avec les sens et la science morcelée. Mais si la sagesse supérieure (Zeus) est assez forte dans l'homme pour être active, alors elle veillera sur le frêle enfant qui renaîtra comme le second fils de Dieu (Dionysos). Ainsi, de la science, qui est le Divin morcelé dans l'homme, naît la sagesse, qui est le Logos, le fils de Dieu et d'une mère mortelle, c'est-à-dire de la partie périssable de l'âme humaine qui aspire inconsciemment au Divin.

De même que la sagesse platonicienne s'enchaîne au mythe grec, de même le mythe s'enchaîne à la sagesse des Mystères. Les dieux enfantés étaient l'objet de la religion populaire ; l'histoire de leur enfantement était le secret des Mystères. Il ne faut donc pas s'étonner que la divulgation d'un tel secret fût considérée comme suprêmement dangereuse. On trahissait par là l'origine des Dieux du peuple.

CHAPITRE V

LA SAGESSE DES MYSTÈRES ET LE MYTHE

Le myste cherchait en lui-même les forces et les entités supérieures qui demeurent inconnues à l'homme ordinaire. Il se posait à lui-même la grande question sur les forces et les lois spirituelles qui dépassent l'âme inférieure. L'homme ordinaire, avec son intelligence logique et bornée aux sens, crée des dieux, ou bien, lorsqu'il s'aperçoit de cet enfantement, il les nie. Le myste reconnaît qu'il crée des Dieux ; il comprend pourquoi il les crée ; il voit pour ainsi dire leur dessous, en reconnaissant la loi naturelle qui préside à leur création. Il en est de lui comme d'une plante qui deviendrait consciente tout à coup et apprendrait à connaître les lois de son propre développement. Si elle connaissait ses lois, ses rapports avec elle-même en seraient changés. Ce que le poète lyrique ressent quand il chante une plante, ce que le botaniste pense quand il recherche ses lois, la plante consciente le verrait flotter devant elle comme un idéal.

Il en est ainsi du myste par rapport à *ses* lois, aux forces qui agissent en lui. Devenu celui qui *sait* (un Daïmôn), il est forcé de créer du Divin au-delà de lui-même. Les initiés prenaient la même attitude vis-à-vis de ce que le peuple a créé au delà de la nature, vis-à-vis du monde des dieux et des mythes populaires. Dans chaque image de Dieu, créée par le peuple, dans chaque mythe, ils cherchaient une vérité supérieure.

Prenons un exemple. Les Athéniens avaient été forcés par le roi de Crète Minos à lui livrer tous les huit ans sept garçons et sept jeunes filles. Ceux-là et celles-ci étaient jetés en pâture au Minotaure, un monstre terrible. Lorsque le triste tribut dut être payé pour la troisième fois, le roi Thésée l'accompagna dans l'île. A son arrivée en Crète, la propre fille du roi Minos prit parti pour lui. Le Minotaure habitait le labyrinthe d'où l'on ne pouvait plus sortir lorsqu'on s'y était engagé. Thésée voulut délivrer sa ville natale du tribut honteux. Pour cela il fallait entrer dans le labyrinthe, où l'on jetait la proie du monstre, et tuer le Minotaure. Il se soumit à l'épreuve, vainquit l'ennemi redoutable et regagna l'air libre au moyen d'un fil enroulé à une quenouille que lui avait donné Ariane.

Le myste devait découvrir comment l'esprit humain créateur en arrive à tisser une telle légende. De même que le botaniste épie la croissance de la plante pour découvrir ses lois, de même le myste voulait surprendre l'esprit créateur. Il cherchait une *vérité*, un noyau de sagesse là où le peuple avait placé un mythe.

Salluste trahit l'attitude d'un sage mystique en face du mythe. « On pourrait appeler, dit-il, l'univers entier un mythe, qui renferme visiblement les corps des choses et d'une manière cachée leurs âmes et leurs esprits. Si l'on enseignait à tous la vérité sur les dieux, les inintelligents la mépriseraient parce qu'ils ne la comprendraient pas et les esprits plus vigoureux la prendraient à la légère ; mais, si l'on donne la vérité sous le vêtement mythique, elle est assurée contre le mépris et sert d'aiguillon à la philosophie. »

Quand on cherchait la substance d'un mythe comme adepte des Mystères, on avait la conscience d'y ajouter quelque chose qui n'existait pas dans la conscience populaire. On avait le sentiment de se placer au-dessus de cette conscience comme le botaniste se place au-dessus de la plante en croissance. On disait quelque chose de très différent de ce que disait la conscience mythique, mais on considérait cette vérité comme une vérité plus profonde, contenue dans le mythe sous forme de symbole.

Le mythe du Minotaure et de Thésée est une image de cette vérité même. L'homme est en face de sa sensualité comme devant un monstre hostile. Il lui offre en sacrifice les fruits de sa personnalité. Elle les dévore. Elle le fait jusqu'à ce que le dompteur (Thésée) se réveille dans l'homme. Son intuition (Ariane) lui tisse le fil par lequel il se retrouve quand il s'égare dans le labyrinthe des sens. L'homme ordinaire n'a pas conscience de cette force. Elle agit pourtant en lui. Elle engendre le mythe, qui a la même *structure* que la vérité mystique.

Qu'y a-t-il donc dans les mythes ? Il y a en eux une création de l'esprit, de l'âme inconsciemment créatrice. L'âme a des lois strictement déterminées. Il faut qu'elle agisse dans une certaine direction pour créer au delà d'elle-même. Au degré mythologique, elle crée sous forme d'images, mais ces images sont construites d'après des lois inhérentes à l'âme. On pourrait dire inversement : quand l'âme pénètre au delà de la conscience mythologique jusqu'aux vérités profondes, ces vérités portent la même empreinte que les mythes, car une seule et même force préside à leur naissance.

Plotin, le grand philosophe de l'école néo-platonicienne d'Alexandrie (204-209 après Jésus-Christ) s'exprime ouvertement sur le rapport de l'imagination mythique avec les vérités supérieures qu'enseignaient les prêtres initiés de l'Égypte.

« Dans la recherche rigoureuse de la vérité ou dans l'exposé qu'ils en font librement à leurs disciples, les sages égyptiens ne se servent pas des signes écrits, qui sont des imitations de la voix et du discours, mais ils dessinent des figures et révèlent, dans leurs temples, la pensée contenue en chaque chose par les contours de ces images, en sorte que chaque image renferme une substance de science et de sagesse. C'est la cristallisation d'une vérité en un tout homogène et transparent. Ensuite le maître ou l'élève tire le contenu de l'image, l'analyse en paroles et trouve la raison pour laquelle elle est ainsi et pas autrement. »

Si l'on veut connaître les rapports de la mystique avec les récits mythologiques, il faut voir comment la vision des grands penseurs, qui se sentent en harmonie avec la sagesse des Mystères, s'accorde avec les mythes. Cette harmonie se rencontre au plus haut degré chez Platon. Ses explications des mythes, l'emploi qu'il en fait dans son enseignement peuvent nous servir de modèles. Dans *Phèdre*, un dialogue sur l'Ame et la Beauté, il est question du mythe de Borée. Cet être divin, qu'on voyait dans le vent du Nord, aperçut un jour la belle Orythie, la fille du roi d'Attique Erechtée cueillant des fleurs avec ses compagnes. Saisi d'amour pour elle, il l'enleva et l'emmena dans sa grotte. Platon, parlant par la bouche de Socrate, repousse une interprétation purement rationaliste de ce mythe. D'après cette interprétation, un fait naturel et purement extérieur serait symbolisé poétiquement par ce récit. Le souffle de la tempête aurait saisi la fille du roi et l'aurait précipitée en bas des rochers. « De telles explications, dit Platon, sont des arguties de savant, quoiqu'elles soient à la mode aujourd'hui... Car celui qui décompose ainsi une seule figure mythologique sera logiquement obligé de décomposer de même toutes les autres et de mettre en doute leur vérité... Et dût-il achever un tel travail, celui qui l'aurait accompli ne ferait pas preuve d'un heureux talent, mais plutôt d'un esprit superficiel, d'une sagesse de paysan et d'une ridicule étourderie... C'est pourquoi je laisse de côté toutes les explications de ce genre et me contente de croire des mythes ce qu'on en dit. Ce n'est pas eux que j'examine comme je le disais tout à l'heure, mais *moi-même*, et je me demande si je ne suis pas moi-même un monstre, plus compliqué et plus discordant que la Chimère, plus sauvage que Typhon, ou si je représente un être plus docile et plus simple, qui a reçu une part de nature plus vertueuse et plus divine. »

On voit par là que Platon n'approuve pas une explication matérialiste et rationaliste des mythes.

Il faut rapprocher cette attitude de la manière dont lui-même emploie les mythes pour exprimer les pensées les plus hautes. Quand il parle de la vie intérieure, quand, délaissant les sentiers du monde périssable, il cherche l'Éternel dans la vie de l'âme, ne pouvant plus s'exprimer par des images empruntées aux perceptions des sens, Platon a recours au mythe. Dans *Phèdre* il est question de l'essence éternelle de l'âme. L'âme est comparée à un char attelé de deux chevaux ailés et conduit par un guide. L'un des chevaux est patient et sage, l'autre est rebelle et sauvage. Si le char rencontre un obstacle, le cheval rebelle en profite pour entraver les mouvements du coursier docile et pour résister à son guide. Quand le char arrive au point où il doit suivre les Dieux sur le revers convexe de la voûte céleste, le mauvais cheval met le désordre dans l'attelage. S'il est le plus fort, le char ne pourra pas suivre les Dieux ; s'il est le plus faible, il sera vaincu par le bon cheval et le char pourra pénétrer sans obstacle dans le monde suprasensible. Il arrive donc que l'âme ne peut jamais s'élever sans lutte au royaume du Divin. Quelques âmes s'élèvent très haut dans cette contemplation du Divin, d'autres restent plus bas. L'âme qui a vu l'Au-delà reste intangible jusqu'au prochain tour. Celle qui n'a rien vu à cause du cheval sauvage, doit recommencer immédiatement un nouveau tour. Ces tours indiquent les différentes incarnations de l'âme. Un tour signifie la vie de l'âme dans une personnalité. Le cheval sauvage représente la nature basse, le cheval sage la nature élevée ; le guide est l'âme qui tend à se diviniser.

Platon a donc recours au mythe pour représenter l'âme en ses diverses métamorphoses. De même, en d'autres écrits, Platon emploie le récit symbolique pour décrire l'intérieur de l'homme et ce qui n'est pas perceptible aux sens.

Platon se trouve ici en parfaite harmonie avec l'expression allégorique donnée par des sages d'autres nations à des idées du même genre. Telle cette parabole de la vieille littérature hindoue attribuée à Bouddha.

Un homme très attaché à la vie, qui ne veut mourir à aucun prix et recherche la sensualité, est poursuivi par quatre serpents. L'homme s'enfuit par peur des serpents redoutables. Il entend de nouveau une voix. Celle-ci l'avertit qu'il est poursuivi par cinq assassins. Et l'homme s'échappe de nouveau. Une voix le rend attentif à un sixième assassin qui le menace de son épée et veut lui couper la tête. Nouvelle fuite de l'homme. Il atteint un village abandonné sans un seul habitant. Une voix lui dit que bientôt les voleurs vont piller le village. L'homme, fuyant toujours, rencontre une grande inondation. Il ne se sent plus en sécurité sur la rive où il se trouve. Avec des brins de paille, du bois et des feuilles, il se construit une barque qui l'amène à l'autre rive. Le voilà en sûreté ; il est brahmane.

Voici le sens de cette allégorie : L'homme doit traverser les états les plus divers avant d'atteindre le Divin. Les quatre serpents représentent les quatre éléments : le feu, l'eau, la terre et l'air. Les cinq assassins sont les cinq sens. Le village désert est l'âme qui s'est soustraite aux impressions du monde extérieur, mais n'est pas encore affermie quand elle est seule avec elle-même. Que sa nature inférieure la ressaisisse et elle est perdue. Il faut que l'homme se fabrique une barque qui le porte pardessus le fleuve des choses périssables, de l'une des rives : le monde fuyant des sens, à l'autre bord : le monde éternel et divin.

Considérez sous ce jour le mystère égyptien d'Osiris.

Osiris était devenu graduellement une des plus importantes divinités égyptiennes. Sa figure se substitua à celle d'autres Dieux chez une partie du peuple égyptien. Autour d'Osiris et d'Isis se forma un cycle important de mythes. Osiris était le fils du Dieu du soleil, son frère était Typhon Set, sa sœur Isis. Osiris épousa sa sœur et régna avec elle sur l'Égypte. Typhon, le méchant frère, se demanda comment il pourrait anéantir Osiris. Il fit fabriquer une caisse qui avait exactement la longueur d'Osiris. A un festin, la caisse fut offerte à celui qui y entrerait exactement. Osiris seul avait la juste mesure. Alors Typhon et ses compagnons se jetèrent sur Osiris, fermèrent la caisse et la lancèrent dans le fleuve. Quand Isis entendit la chose terrible, elle erra partout pour chercher le cadavre de son mari. Quand elle l'eut trouvé, Typhon s'en empara de nouveau. Il le déchira en quatorze morceaux qui furent dispersés dans les contrées les plus diverses. On montrait en Égypte plusieurs tombeaux d'Osiris. Çà et là, en beaucoup d'endroits, on prétendait que des parties du Dieu avaient été ensevelies. Mais Osiris lui-même sortit des enfers et vainquit Typhon ; un de ses rayons tomba sur Isis, qui en conçut Harpocrate ou Horus.

Que l'on compare maintenant avec ce mythe la cosmogonie du philosophe grec Empédocle (490-430 avant J.-C.) Il suppose que l'Être unique et originaire a été déchiré en quatre éléments : le feu, l'eau, la terre et l'air, ou dans la pluralité des êtres. Il oppose l'une à l'autre deux puissances qui produisent le devenir et la mort dans ce monde de l'existence : l'Amour et le Combat. Voici ce qu'Empédocle dit des éléments :

Eux-mêmes restent identiques, mais en se combinant
Ils deviennent des hommes, et tous les êtres innom-
[brables,
Qui tantôt, par la force de *l'Amour*, se rassemblent en
[une forme vivante,
Tantôt, par la *Haine et le Combat* se dispersent en indi-
[vidus.

Que sont donc les choses du monde au point de vue d'Empédocle ? Ce sont les divers éléments mélangés. Ils ne pouvaient naître que parce que l'Un primordial s'est déchiré en ces quatre entités. Cet Un primordial s'est donc répandu dans les éléments. Qu'une chose quelconque nous apparaisse, elle est une partie de cette divinité partout répandue. Mais cette divinité est cachée dans la chose. Il a fallu d'abord qu'elle meure pour que les choses puissent naître. Et ces choses que sont-elles ? Des mélanges de parties divines dont la structure est formée par *l'Amour et la Haine*. Empédocle le dit en propres termes.

La preuve en est la structure des membres humains.
D'abord les éléments que possède le corps dans sa fleur
Se combinent en un tout par la force de l'Amour.
Ensuite, arrachés l'un à l'autre par la Dissension et le
[Combat
Ils errent séparés aux confins de la vie.
Ainsi vivent et meurent les plantes, les poissons de la
[mer,
Le gibier des montagnes et les oiseaux portés sur des
[ailes.

Empédocle pensait donc que le sage retrouve l'unité divine, cachée dans le monde, et comme ensorcelée sous les liens inextricables de l'Amour et de la Haine. Mais si l'homme trouve le Divin, il faut qu'il soit divin lui-même. Car, au point de vue d'Empédocle, un être ne peut être reconnu que par son égal. Sa conception de la connaissance se résume dans un quatrain de Gœthe.

Si l'œil n'était pas d'essence solaire
Comment verrait-il le soleil ?
Si la force même de Dieu ne vivait pas en nous,
Comment le Divin pourrait-il nous ravir ?

Ces pensées sur le monde et sur l'homme, qui dépassent l'expérience des sens, le myste les retrouvait dans le mythe d'Osiris. La force divine créatrice s'est diversifiée dans le monde. Elle apparaît sous la forme des quatre éléments. Dieu (Osiris) est mort. L'homme doit le réveiller avec sa connaissance, qui est d'essence divine ; il doit le retrouver comme Horus (le Fils de Dieu, le Logos, la Sagesse) dans la lutte entre la Haine (Typhon) et l'Amour (Isis). Écrivant en langue grecque, Empédocle exprime sa conviction en images qui confinent au mythe. Il appelle l'Amour Aphrodite et la Haine Neikos ou le Combat.

De ce point de vue, on découvre le fil d'Ariane qui conduit à travers le labyrinthe des mythes grecs. Jetons un coup d'œil sur la légende d'Hercule. Les douze travaux d'Hercule apparaissent sous une lumière supérieure, quand on se rappelle qu'avant la dernière et la plus difficile de ces épreuves il se fit initier aux Mystères d'Éleusis. Sur la demande du roi Eurysthée de Mycène, le fils de Jupiter doit amener le chien des enfers, Cerbère, à la lumière du jour et le faire rentrer dans sa demeure. Pour cette descente aux enfers, il faut qu'Hercule soit initié. Les Mystères faisaient passer l'homme à travers la mort des choses périssables, c'est-à-dire à travers l'enfer, et ils sauvaient par l'initiation son essence éternelle de la mort. Comme myste l'homme pouvait vaincre la mort. C'est comme myste qu'Hercule triomphe des dangers du monde inférieur. Cela justifie l'interprétation qui considère ses épreuves précédentes comme les degrés successifs de l'évolution intérieure de l'âme. — Hercule terrasse le lion de Némée et se revêt de sa peau. Cela veut dire qu'il se rend maître de la force physique dans l'homme ; il la dompte. — Il tue ensuite l'hydre aux neuf têtes. Il en triomphe avec des brandons allumés et trempe ses flèches dans son fiel ; elles en acquierrent la vertu d'atteindre infailliblement leur but. Cela veut dire qu'il triomphe de la science inférieure, de la science morcelée qui vient des sens. Il en triomphe par le feu de l'Esprit, et, dans ce qu'il a appris par cette science inférieure, il trouve la force de voir toutes les choses avec l'œil vainqueur de l'Esprit. — Dans ses courses au pays des Hyperboréens, Hercule saisit et met en laisse la biche d'Artémis. Celle-ci est la déesse de la chasse. Tout ce que la libre nature peut offrir à l'âme, Hercule le conquiert et le soumet. — On peut interpréter de même les autres travaux d'Hercule. Il ne faut pas suivre servilement chaque trait de la légende pour l'expliquer allégoriquement. Il suffit de pénétrer le sens général des épreuves dont l'ordonnance poursuit le développement intérieur du héros. Il s'entend de soi qu'il faut tenir compte de la libre fantaisie des poètes qui ont illustré le mythe.

Une semblable interprétation s'applique à l'expédition des Argonautes. Phrixus et sa sœur Hellé, les enfants du roi de Béotie, étaient opprimés par leur belle-mère. Les Dieux leur envoyèrent un bélier à la toison d'or, qui les emporta à travers les airs. Au passage du détroit entre l'Asie et l'Europe, Hellé se noya. De là le nom du détroit de l'Hellespont. Phrixus arriva chez le roi de Colchide sur la rive orientale de la mer Noire. Il sacrifia le bélier et fit cadeau de sa toison au roi Aétès. Celui-ci la suspendit dans un bois et la fit garder par un terrible dragon. Le héros grec Jason entreprit, de concert avec de puissants et hardis compagnons, Hercule, Thésée, Orphée, de chercher la toison d'or en Colchide. Pour obtenir le trésor, le roi Aétès lui imposa de lourds travaux. Mais Médée, la fille du roi, initiée à la magie, le soutint. Il dompta deux taureaux qui lançaient du feu par leurs naseaux. Il laboura un champ et y sema des dents de dragons dont naissaient des hommes armés. Sur le conseil de Médée, il jeta une pierre au milieu de ces guerriers, sur quoi ils s'entre-tuèrent. Par un procédé magique de Médée,

Jason endort le dragon et parvient à ravir la toison d'or. Il l'emporte en Grèce à son retour et Médée l'accompagne comme son épouse. Le roi poursuit les fugitifs. Médée tue pour l'arrêter son petit frère Absyrtus et répand ses membres dans la mer. En les rassemblant Aétès reste en route. Ainsi les deux époux peuvent atteindre la patrie de Jason avec la toison d'or.

Chacun de ces faits requiert une explication profonde. La toison est quelque chose qui appartient à l'homme et qui lui est infiniment précieux. C'est un trésor dont il a été séparé dans le cours des âges et qu'il ne peut reconquérir qu'en surmontant des puissances terribles. Il en est ainsi de l'éternel dans l'âme humaine. Il appartient à l'homme, mais celui-ci en est séparé. Sa nature inférieure se dresse entre eux. Il faut qu'il l'endorme pour s'emparer de son plus cher trésor. Cela lui devient possible, lorsque sa conscience profonde (Médée) lui vient en aide avec sa force magique. Médée devient pour Jason ce que Diotime est devenue pour Socrate, un maître qui lui enseigne l'Amour. La sagesse propre de l'homme a la puissance magique d'atteindre le Divin après avoir vaincu le périssable. De la nature inférieure ne peut sortir qu'une humanité inférieure. Ce sont les hommes cuirassés, vaincus par la force spirituelle, sur le conseil de

Médée. Même quand l'homme a conquis l'Éternel, la Toison d'or, il n'est pas encore en sûreté. Il faut qu'il sacrifie une partie de sa conscience (Absyrtus). Cela est nécessaire à cause du monde des sens, que nous ne pouvons concevoir que comme un monde multiple (morcelé).

Le mythe de Prométhée est d'un intérêt particulier au point de vue ésotérique, parce qu'il nous donne en quelque sorte la synthèse de toute la doctrine des Mystères et qu'il dramatise en un puissant raccourci toute l'évolution cosmique.

Prométhée et son frère Épiméthée sont les fils du Titan Japétos. Les Titans sont les enfants de la plus ancienne génération de Dieux, d'Ouranos (le Ciel) et de Gèa (la Terre). Kronos, le plus jeune des Titans, a renversé son père de son trône et s'est emparé de l'empire du monde. A la suite de quoi, il fut vaincu par les autres Titans. C'est sur son conseil que Zeus exila les Titans dans les enfers. Mais en Prométhée vivait néanmoins l'esprit titanesque. Il n'était qu'à moitié l'ami de Zeus. Quand celui-ci voulut détruire les hommes à cause de leur outrecuidance, Prométhée eut pitié d'eux, leur enseigna les nombres et l'écriture et tous les arts qui conduisent à la civilisation, notamment l'usage du feu. Ceci excita la colère de Zeus contre son ancien ami. Vulcain, fils de Zeus, fut chargé de modeler l'image d'une femme d'une grande beauté, que les Dieux ornèrent de tous les charmes possibles. Elle s'appelait Pandore, celle qui a tous les dons. Hermès, le messager des Dieux, l'amena à Épiméthée, frère de Prométhée. Elle portait dans ses mains une boîte, présent des Immortels. Épiméthée accepta la boîte, malgré le conseil de Prométhée de ne rien accepter des Dieux. Quand on ouvrit la boîte, toutes les plaies humaines imaginables s'envolèrent du coffret et s'abattirent sur le genre humain. L'espérance seule y resta et cela parce que Pandore referma bien vite le couvercle. L'espérance reste seule à l'homme, présent douteux des Dieux. Sur l'ordre de Zeus, Prométhée fut rivé sur un rocher du Caucase à cause de son indulgence pour les hommes. Un aigle mange perpétuellement son foie qui renaît toujours. Prométhée est contraint de passer ses jours dans une solitude torturante jusqu'à ce qu'un des Dieux se sacrifie librement, c'est-à-dire se voue à la mort. Le Titan tourmenté supporte son épreuve en martyr courageux. Il a su que Zeus serait détrôné par le fils d'une mortelle s'il ne consentait pas à s'unir à cette femme. Il était important pour Zeus de savoir ce secret. Il envoya son messager Hermès à Prométhée pour apprendre ce qui en était. Celui-ci refusa de répondre. — La légende d'Hercule se renoue à celle de Prométhée. Dans ses courses, Hercule arrive au Caucase. Il tue l'aigle qui dévorait le foie de Prométhée. Le Centaure Chiron, qui ne peut pas mourir quoiqu'il souffre d'une blessure inguérissable, se sacrifie à Prométhée. Alors celui-ci est réconcilié avec les Dieux.

Les Titans sont la force de la volonté, qui sort comme nature (Kronos) de l'Esprit universel primitif (Ouranos). Prométhée est un des Titans, et cela caractérise son être. Mais il n'est pas tout à fait Titan. En un sens, il est partisan du Dieu de l'Esprit Zeus, qui prend en main le gouvernement du monde après avoir dompté la force effrénée de la nature (Kronos). Prométhée est donc l'élan progressif, moitié nature, moitié esprit, *la volonté humaine*. D'un côté il est tourné vers le Bien, de l'autre vers le Mal. Sa destinée se transforme selon qu'il incline vers l'Esprit éternel ou vers l'éphémère. Cette destinée est la destinée même de l'homme. L'homme est rivé au périssable. Un aigle le ronge. Il doit souffrir. Il ne peut atteindre la vérité suprême qu'en cherchant sa destinée dans la solitude. Il a son secret. C'est que le divin (Zeus) doit se marier avec une mortelle (la conscience humaine) pour mettre au monde un fils, la sagesse humaine (le Logos) qui délivrera le

Dieu enchaîné. L'homme ne doit pas trahir son secret jusqu'à ce qu'un myste (Hercule) s'approche de lui pour écarter la puissance qui le menace constamment de mort. Un être, moitié animal, moitié homme, un Centaure, est obligé de se sacrifier pour délivrer l'homme captif. Le Centaure est l'homme lui-même, à demi bestial, à demi spirituel. Il faut qu'il meure, pour que l'homme purement spirituel soit délivré. Ce que Prométhée — la volonté humaine — dédaigne, Épiméthée — la raison, la prudence humaine — l'accepte. Mais les dons offerts à Épiméthée ne sont que des douleurs et des fléaux. Une seule chose reste — l'Espérance — que le périssable, lui aussi, enfante un jour l'Éternel.

Les fêtes d'Éleusis, que la Grèce célébrait en l'honneur de Dèmètèr et de Dionysos, nous apparaissent toutes saturées de la sagesse des mystères.

Une voie sacrée conduisait d'Athènes à Éleusis. Elle était jalonnée de signes étranges et impressionnants, destinés à mettre l'âme dans une disposition élevée. A Éleusis, il y avait des temples mystérieux, desservis par des familles de prêtres. La dignité sacerdotale et la sagesse liée à cette dignité s'héritait dans ces familles de génération en génération. La sagesse qui rendait capable d'exercer ce sacerdoce était la sagesse des mystères. Les fêtes, qui se donnaient deux fois l'an, représentaient le grand drame de l'univers, où se joue la destinée du Divin dans le monde et de l'âme humaine. Les petits Mystères se célébraient en février, les grands Mystères en septembre. Les initiations se combinaient avec les fêtes. La représentation symbolique du drame cosmique et humain formait sans doute le dernier acte de l'initiation des mystes.

Les temples d'Éleusis avaient été érigés en l'honneur de la déesse Dèmètèr. Elle était une fille de Kronos. Avant le mariage de Jupiter avec Junon, elle lui avait donné une fille, Persèphone. Celle-ci avait été ravie, pendant qu'elle cueillait des fleurs sur une prairie, par Pluton, le Dieu des enfers. Dèmètèr parcourut en gémissant toute la terre pour la chercher. A Éleusis elle fut trouvée assise sur une pierre par les filles de Kéleus, roi d'Éleusis. Elle entra, sous la figure d'une vieille femme, au service de la famille de Kéleus pour soigner le fils de la reine. Elle voulut donner l'immortalité à ce fils, et pour cela elle le cachait chaque nuit dans le feu. Quand la mère s'en aperçut, elle pleura et se plaignit. Le partage de l'immortalité était désormais impossible. Dèmètèr quitta la maison et Kéleus bâtit un temple en son honneur. Le deuil de Dèmètèr pour Perséphone fut infini. Elle rendit la terre stérile. Les Dieux durent la réconcilier pour éviter une catastrophe. Alors Zeus décida Pluton à rendre Perséphone au monde supérieur. Mais, avant de laisser partir son épouse, le Dieu des enfers lui fit manger une grenade. Pour cette raison, elle fut forcée de redescendre périodiquement, toujours et toujours, dans les enfers. Désormais elle passa un tiers de l'année dans les enfers et deux tiers dans le monde supérieur. Dèmètèr, réconciliée, retourna dans l'Olympe. Mais à Éleusis, le lieu de son angoisse, on fonda un sacerdoce, pour rappeler d'âge en âge son destin.

Il n'est pas difficile de reconnaître le sens du mythe de Dèmètèr et de Perséphone. Ce qui tour à tour habite les enfers et le ciel, c'est l'âme. Mais elle a été séduite par le périssable et décidée à partager son destin. Elle a goûté le fruit des enfers : l'âme humaine s'est rassasiée de l'éphémère. A cause de cela, elle ne peut habiter d'une manière durable les hauteurs du Divin. Il faut qu'elle revienne sans cesse dans le royaume des ombres. Déméter est le symbole de la force d'où est sortie l'âme. Cette force veut donner l'immortalité à l'homme. Dèmètèr cache, la nuit, son protégé dans le feu. Mais l'homme ne peut pas supporter la pure force du feu (de l'esprit). Dèmètèr doit renoncer à son projet. Elle ne peut que fonder un culte par lequel l'homme participera au Divin autant que cela est possible.

Les fêtes d'Éleusis étaient un témoignage éclatant de la foi à l'éternité de l'âme humaine. Ce témoignage trouva son expression symbolique dans le mythe de Perséphone. Avec Dèmètèr et Perséphone, on célébrait Dionysos à Éleusis. De même qu'on honorait en Dèmètèr la créatrice de l'Eternel dans l'homme, on honorait en Dionysos le Divin éternel dont les métamorphoses incessantes forment le monde. Le Dieu qui s'est répandu dans le monde et qui a été morcelé, pour être recréé spirituellement, devait être célébré à Éleusis.

CHAPITRE VI

LA SAGESSE DES MYSTÈRES EN ÉGYPTE

« Quand, délivré du corps, tu monteras au libre éther, tu seras un Dieu immortel échappé à la mort. »

Dans cette sentence d'Empédocle apparaît, comme en un point lumineux, tout ce que les anciens Égyptiens pensaient sur l'essence éternelle de l'homme et sur son rapport avec le Divin. La preuve s'en trouve dans le *Livre des Morts* que le zèle des égyptologues a déchiffré au dix-neuvième siècle. « C'est la plus considérable des compositions littéraires de l'ancienne Égypte, » dit le savant qui a découvert ce document et qui fait autorité en cette matière [1]. On y trouve toutes

1. LEPSIUS, *Das Totenbuch der alten Egypter*. Berlin, 1842. — PIERRE PERRET, traduction française du *Livre des Morts*

sortes d'enseignements et de prières qu'on mettait dans la tombe de chaque défunt. Ce bréviaire devait lui servir de guide quand il s'était dépouillé de son enveloppe mortelle. Les vues les plus secrètes des Égyptiens sur l'Éternel et sur l'origine du monde sont contenues dans cet écrit. Ces vues témoignent d'une conception des Dieux, analogue à celle de la mystique grecque.

Osiris était devenu avec le temps le Dieu préféré et le plus universellement reconnu de tous ceux qu'on adorait dans les différentes parties de l'Égypte. En lui se concentrèrent les idées de tous les autres Dieux. Quelles que fussent les idées du peuple égyptien sur Osiris, le *Livre des Morts* montre que la sagesse des prêtres voyait en Osiris une divinité qui ne peut être trouvée que dans l'âme humaine. Tout ce qu'on y dit de la mort et des morts le prouve clairement. Quand le corps est rendu à la terre et conservé parmi les choses terrestres, alors le noyau éternel de l'homme prend le chemin de l'Eternel primordial. Il comparaît devant le tribunal d'Osiris, assisté de quarante-deux juges. La destinée de la partie éternelle de l'homme dépend de ce que ces juges trouvent en lui. Quand l'âme a confessé ses péchés, si elle est reconnue

des Égyptiens, faite d'après le même papyrus, manuscrit de Turin.

comme réconciliée avec la justice éternelle, d'invisibles puissances s'approchent d'elle et lui disent: « L'Osiris N. a été purifié dans l'étang qui est au sud du champ de Hotep et au nord du champ des sauterelles, là où les Dieux de la verdure se lavent à la quatrième heure de la nuit et se purifient à la huitième heure du jour avec l'image du cœur des Dieux, en passant de la nuit au jour. » Ainsi, dans l'ordre cosmogonique, on s'adresse à la partie éternelle de l'homme comme s'il était lui-même un Osiris. Après le nom d'Osiris se trouve le nom du défunt. Et celui qui rentre dans l'ordre éternel de l'univers se désigne lui-même comme « Osiris ». — « Je suis l'Osiris N. — Croissant sous les fleurs du figuier, se trouve l'Osiris N. » L'homme devient donc un Osiris. L'Être-Osiris n'est que le degré le plus parfait de l'être humain. Il s'entend de soi que l'Osiris, qui règne en juge sur l'ordre éternel de l'univers, n'est lui-même pas autre chose qu'un homme parfait. Entre l'état humain et l'état divin, il n'y a qu'une différence de degré. L'homme est en voie de développement ; à la fin de sa carrière il devient dieu. Dans cette conception, Dieu est un éternel devenir et non pas un Dieu fini en soi.

Tel étant l'ordre universel, il est évident que celui-là seul peut entrer dans la vie d'Osiris, qui est déjà devenu un Osiris lui-même avant de frapper à la porte du temple éternel. La vie la plus haute de l'homme consistera donc à se changer en Osiris. L'homme devient parfait lorsqu'il vit comme Orisis, lorsqu'il traverse ce qu'Osiris a traversé. Le mythe d'Osiris acquiert par là un sens plus profond. Il devient le modèle de celui qui veut éveiller l'Eternel en lui-même.

Si nous pouvions jeter un regard dans les temples d'initiation, où les hommes se soumettaient à la métamorphose d'Osiris, nous verrions que ces épreuves représentaient microcosmiquement le devenir du monde. L'homme descendu du Père devait enfanter le Fils en lui-même. Ce qu'il porte en réalité en soi, le Dieu ensorcelé, il devait le manifester. Ce Dieu est opprimé par la puissance de la nature terrestre. Cette nature inférieure doit d'abord être mise au tombeau, afin que la nature supérieure puisse ressusciter.

D'après cela, nous pouvons interpréter ce qu'on nous dit des événements de l'initiation. L'homme était soumis à des procédures mystérieuses. Sa partie terrestre était tuée (ou du moins paralysée par un sommeil léthargique), sa partie supérieure éveillée. Il n'est pas nécessaire d'étudier ces procédures en détail, il suffit de comprendre leur sens. Ce sens ressort du témoignage rendu par tous ceux qui avaient traversé l'initiation. Ils pouvaient dire : « J'ai vu devant moi la perspective infinie au bout de laquelle il y a la perfection du Divin. J'ai senti que la force de ce Divin est en moi. J'ai porté au tombeau ce qui opprime en moi cette force. Je suis mort pour les choses terrestres. J'étais mort. J'étais mort comme homme inférieur ; j'étais en enfer. J'ai conféré avec les morts, c'est-à-dire avec ceux qui sont déjà entrés dans l'ordre universel. Après mon séjour en enfer, je suis ressuscité. J'ai vaincu la mort, mais maintenant je suis devenu un autre. Je n'ai plus rien à faire avec la nature périssable. Désormais elle est trempée chez moi et comme saturée du Logos. J'appartiens maintenant à ceux qui sont assis à la droite d'Osiris. Je serai moi-même un véritable Osiris, intégré dans l'ordre éternel et le pouvoir sur la vie et la mort sera donné entre mes mains. » L'initié devait se soumettre à l'expérience qui l'amenait à cette confession. Cette expérience était un événement vécu de la plus haute importance.

Imaginez maintenant qu'un non-initié entende parler de ces événements. Il ne peut pas savoir ce qui s'est réellement passé dans l'âme de l'initié. A ses yeux, celui-ci est mort physiquement ; il a été couché au tombeau et il est ressuscité. La réalité spirituelle lui apparaît sous la forme d'une réalité des sens, comme un événement qui brise l'ordre naturel. C'est « un miracle ». L'initiation était un tel « miracle ». Celui qui voulait la comprendre devait avoir éveillé en lui les forces nécessaires pour rester debout sur les degrés supérieurs de la vie. Il devait s'être préparé à l'expérience suprême par un genre de vie spécial. Que ces événements prennent telle ou telle forme, ils peuvent toujours se ramener à certaines étapes. La vie d'un initié est donc une vie typique. On peut décrire cette vie indépendamment d'une personnalité particulière. Ou plutôt, un individu ne sera sur le chemin du Divin que s'il a traversé ces événements typiques.

Une telle personnalité nous apparaît en Bouddha vivant au milieu de ses disciples ; ainsi Jésus apparaît à sa communauté. On connaît aujourd'hui le parallélisme qui existe entre la vie de Bouddha et celle de Jésus. Rudolf Seydel a démontré d'une manière frappante ce parallélisme dans son livre *Bouddha et le Christ*. Il suffit de suivre les particularités des deux vies pour se convaincre que toutes les objections contre ce parallélisme sont vaines.

La naissance de Bouddha est annoncée par un éléphant blanc qui descend du ciel sur la reine Maïa. Ce présage signifie que Maïa mettra au monde un homme divin, «qui disposera tous les êtres à l'amour et à l'amitié et les unira en un pacte étroit. » On lit dans l'Évangile de saint Luc : « Dieu envoya l'ange Gabriel à une vierge, fiancée à un homme nommé Joseph, de la maison de David ; et cette vierge s'appelait Marie. Et l'ange, étant entré dans le lieu où elle était, lui dit : Je te salue, toi qui es reçue en grâce... Tu concevras et tu enfanteras un fils, à qui tu donneras le nom de Jésus. Il sera grand et sera le fils du Très-Haut. » (Saint Luc, I, 26-31.)

Les brahmanes, les prêtres indous, qui savent ce que signifie la naissance d'un Bouddha, interprètent le rêve de Maïa. Ils ont une idée typique d'un Bouddha. Il faut que la personnalité particulière du dernier Bouddha, qui se nommait Gautama Sakia Mouni, réponde à cette idée préconçue. Conformément à cette tradition, on lit dans saint Mathieu (II, 4) : « Hérode fit rassembler les principaux sacrificateurs et les scribes du peuple, il s'informa d'eux où le Christ devait naître. » — Le brahmane Asita dit de Bouddha : « Ceci est l'enfant qui deviendra le Bouddha, le sauveur, le conducteur de l'immortalité, de la liberté et de la lumière. » Comparez à cet épisode de l'histoire de Bouddha l'épisode évangélique, et vous remarquerez l'exacte correspondance des deux : « Il y avait à Jérusalem un homme qui s'appelait Simon : cet homme était juste et craignait Dieu, il attendait la consolation d'Israël et le Saint Esprit était sur lui.... et comme le père et la mère apportaient le petit enfant Jésus pour faire à son égard ce qui était en usage selon la loi, il le prit entre ses bras et bénit Dieu et dit : Seigneur ! tu laisses maintenant aller ton serviteur en paix, selon ta parole : car mes yeux ont vu ton sauveur, que tu as préparé pour tous les peuples, pour être la lumière qui doit éclairer les nations et la gloire de ton peuple d'Israël. » (Luc, II, 25 à 32.)

On raconte de Bouddha qu'à l'âge de douze ans il s'égara et fut retrouvé sous un arbre, entouré des poètes et des sages du passé qu'il enseignait. A ce récit répond le passage suivant de saint Luc (II, 41 à 47) : « Or son père et sa mère allaient tous les ans à Jérusalem à la fête de Pâque. Et quand il eut atteint l'âge de douze ans, ils montèrent à Jérusalem selon la coutume de la fête. Lorsque les jours de la fête furent achevés, comme ils s'en retournaient, l'enfant Jésus demeura dans Jérusalem ; et Joseph et sa mère ne s'en aperçurent point ; mais pensant qu'il était en compagnie de ceux qui faisaient le voyage avec eux, et ils marchèrent une journée ; et ils le cherchèrent parmi leurs parents et ceux de leur connaissance ; et ne le trouvant point, ils retournèrent à Jérusalem pour l'y chercher. Et au bout de trois jours, ils le trouvèrent dans le temple, assis au milieu des docteurs, les écoutant et leur faisant des questions. Et tous ceux qui l'écoutaient étaient ravis de sa sagesse et de ses réponses. »

Quand Bouddha a vécu dans la solitude et qu'il retourne parmi les hommes, il est accueilli par le salut d'une vierge : « Heureuse ta mère, heureux ton père, heureuse l'épouse à laquelle tu appartiens. » Il répond : « Heureux seulement sont ceux qui sont dans le Nirvana, » c'est-à-dire qui sont entrés dans l'ordre éternel de l'univers. Chez Luc (XI, 27 et 28) on lit : « Comme Jésus disait ces choses, une femme de la troupe éleva sa voix et lui dit : « Heureux les flancs qui t'ont porté et les mamelles qui t'ont allaité ! » « Mais plutôt, reprit Jésus, heureux ceux qui écoutent la parole de Dieu et qui la gardent. »

Au cours de l'initiation de Bouddha, le tentateur Mara, l'esprit du mal, s'approche du solitaire en méditation et lui promet tous les royaumes de la terre. Bouddha refuse tout avec ces paroles : « Je sais qu'un royaume m'est destiné, mais je ne réclame aucun royaume de ce monde. Je deviendrai Bouddha et tous les royaumes du monde en chanteront d'allégresse. » Alors le tentateur s'écrie : « Mon règne est fini. » Lorsque Satan promet à Jésus tous les royaumes de la terre pouvu qu'il se prosterne devant lui, Jésus lui répond : « Va-t'-en de moi, Satan. Car il est écrit : Tu adoreras le Seigneur ton Dieu et tu n'auras point d'autre maître. » Et l'Évangéliste ajoute : « Alors le diable le quitta. » (Matthieu, IV, 10 et suiv.)

A ce point de la carrière initiatique finit la vie de Bouddha ; mais — fait essentiel pour l'histoire de la religion et de l'humanité — à ce point même commence la partie la plus importante de la vie de Jésus : sa passion, sa mort et sa résurrection.

La vie de Bouddha s'achève d'une manière sublime. Dans un voyage, il se sentit malade. Il vint au fleuve Hiranja, dans le voisinage de Kouchinagara. Là il se coucha sur un tapis que son disciple préféré, Ananda, étendit devant lui. Son corps commença à luire du dedans. Il mourut transfiguré, comme un météore, et expira avec ces mots : « Rien ne dure. »

Cette mort de Bouddha répond à la transfiguration de Jésus : « Six jours après, Jésus prit Pierre, Jacques et Jean son frère et les mena sur une haute montagne, à part. Et il fut transfiguré en leur présence ; son visage devint resplendissant comme le soleil et ses habits devinrent éclatants comme la lumière. » (Matthieu, XVII, 1 et 2.)

Exprimons ceci dans la langue des initiés : Bouddha est arrivé jusqu'au point où la lumière divine commence à briller dans l'homme. Il devient la lumière du monde. Jésus va plus loin. Il ne meurt pas physiquement, au moment où la lumière du monde l'illumine en le traversant. A ce moment, il devient un Bouddha. Mais, à ce moment aussi, il s'élève à un degré supérieur de l'initiation. Il souffre et il meurt. Tout ce qu'il a de terrestre disparaît. Mais ce qu'il a de spirituel, la lumière du monde, ne disparaît pas. Sa résurrection suit. Jésus apparaît en Christ à sa communauté de fidèles. Bouddha s'évanouit au moment de sa transfiguration dans la vie bienheureuse de l'Esprit universel. Jésus éveille encore une fois cet esprit universel sous forme humaine dans la vie présente. De telles choses se pratiquaient, dans une certaine mesure, sur les initiés aux degrés supérieurs de l'initiation. Les initiés dans le sens d'Osiris parvenaient à cette résurrection. Cette « grande » initiation fut donc ajoutée dans la vie de Jésus à l'initiation de Bouddha. Bouddha a prouvé par sa vie que l'homme vient du Logos et qu'il retourne dans sa lumière quand son corps terrestre meurt. Jésus est devenu personnellement le Logos. En lui la Parole a été faite chair.

Donc, les événements que les mystères antiques déroulaient dans l'intérieur et le secret des temples, le christianisme les a présentés comme un fait historique. Jésus l'Initié, l'Initié d'une grandeur unique et suprême, a été reconnu par sa communauté. Il lui a prouvé que le monde était un monde divin. Pour la communauté chrétienne, la sagesse des Mystères fut indissolublement rattachée à la personne de Jésus. Ce que précédemment on voulait atteindre par les Mystères fut remplacé, pour les disciples de Jésus, par la foi en ce fait que le Christ avait vécu sur la terre et que ses fidèles lui appartenaient.

Pour les communautés chrétiennes, il n'y eut plus désormais de méthodes mystiques, il n'y eut que la conviction que Dieu s'était manifesté dans la Parole faite chair. Les longs exercices par lesquels on devait se préparer cessèrent d'être la norme de l'initiation. Ce qui avait été entendu et vu par ceux qui avaient vécu avec Jésus, la tradition qu'ils avaient livrée à leurs successeurs, voilà ce qui fut considéré comme le salut. « Ce qui est arrivé dès le commencement, ce que nous avons entendu, la parole de vie que nous avons touchée de nos mains... ce que nous avons vu et entendu, nous vous l'annonçons afin que vous le partagiez avec nous. » (1re Épître de saint Jean, 1-3.) Et cette réalité immédiate doit embrasser toutes les races humaines comme un lien vivant, et se propager, de générations en générations, par le lien mystique de l'Église. Tel est le sens qu'il faut donner aux paroles de saint Augustin : « Je ne croirais pas à l'Évangile si l'autorité de l'Église catholique ne m'y décidait pas. » Les Évangiles n'ont donc pas en eux-mêmes un signe de reconnaissance pour leur vérité ; mais on doit les croire parce qu'ils se fondent sur la personnalité de Jésus ; et parce que l'Église tire mystérieusement de cette personnalité la force de mettre en action la vérité de l'Évangile.

Les Mystères transmettaient par la tradition *les moyens* d'arriver à la vérité ; la communauté chrétienne a la prétention de transplanter par elle-même cette vérité de génération en génération. La confiance dans les forces mystiques qui s'éveillent dans l'intérieur de l'homme par l'initiation devait être remplacée par la confiance en l'Unique, en l'Initiateur primordial. Les mystes cherchaient leur propre divinisation ; ils voulaient la vivre. Jésus était divinisé ; nous devons nous en tenir à lui ; alors nous participerons à sa divinité dans la communauté fondée par lui ; tel devient le credo chrétien. Ce qui est divinisé pour Jésus est divinisé pour toute la communauté. « Et voici je suis toujours avec vous jusqu'à la fin du monde. » (Matthieu, XXVIII, 20.) Celui qui est né à Béthléem a un caractère *éternel*. L'antiphonaire de Noël parle de la naissance de Jésus comme s'il renaissait à chaque fête de Noël : « *Aujourd'hui* Christ est né ; *aujourd'hui* le sauveur est apparu ; *aujourd'hui* les anges chantent dans le ciel. »

CHAPITRE VII

LES ÉVANGILES

Ce que nous pouvons savoir de la « vie de Jésus » est contenu dans les Évangiles. Quant aux informations qui viennent d'ailleurs, dit un des meilleurs connaisseurs de la question au point de vue historique (Harnack), « on pourrait les écrire sur une page in-quarto ».

Mais quelles sortes de documents sont les Évangiles ? Le quatrième, l'Évangile de saint Jean, diffère tellement des autres que ceux qui étudient le christianisme au point de vue historique en arrivent à cette conclusion : « Si Jean possède la véritable tradition sur la vie de Jésus, les trois autres Évangélistes (les Synoptiques) ne sont pas des sources sûres. Si au contraire les Synoptiques ont raison, l'Évangile de saint

Jean doit être repoussé comme source historique [1] ». Cette assertion est d'une incontestable vérité pour l'historien.

Dans ce livre, où il s'agit du contenu mystique des Évangiles, ce point de vue ne doit être ni reconnu, ni repoussé. Mais une chose doit être prise en considération : « Jugés au point de vue de la *concordance*, de l'inspiration et de la plénitude d'information, ces écrits laissent beaucoup à désirer, et, selon la simple mesure humaine, ils sont entachés de nombreuses imperfections. » Tel est le jugement d'un théologien chrétien [2]. Pour celui qui se place au point de vue « mystique » et recherche de ce point de vue la source des Évangiles, les choses qui s'y contredisent s'expliquent aisément. Dans une interprétation de ce genre, on peut trouver une harmonie supérieure entre le quatrième évangile et les trois autres. Car tous ces écrits ne peuvent pas être considérés comme des traditions historiques dans le sens ordinaire du mot. Ils ne prétendaient pas donner une biographie historique. Ce qu'ils voulaient donner c'était une vie typique (intérieure) d'un fils de Dieu selon la

1. OTTO SCHMIEDEL, *Die Hauptprobleme der Leben Jesu Forschung*. S. 15. (Les principaux problèmes de la critique dans la vie de Jésus.)

2. HARNACK, *Wesen des Christenthums* (Essence du Christianisme).

tradition des Mystères, appliquée à la personne et à la vie (extérieure) de Jésus. Les matériaux essentiels n'étaient donc pas empruntés à l'histoire, mais à la tradition. Or ces traditions ne concordaient pas littéralement dans tous les lieux où les Mystères étaient cultivés. Néanmoins cette concordance, entre les traditions mystiques de nations diverses et fort éloignées les unes des autres, était assez grande pour que les bouddhistes aient raconté la vie de leur Bouddha à peu près de la même façon que les Évangélistes ont raconté celle du Christ. Toutefois il y a des différences entre les récits de ceux-ci. Pour les comprendre, il suffit d'admettre que les quatre Évangélistes ont puisé en diverses traditions mystiques. La haute personnalité de Jésus apparaît déjà dans ce fait qu'il a été capable d'éveiller la foi en des scribes appartenant à quatre traditions diverses des Mystères. Si grande fut la foi, qu'il éveilla en eux par ses actes et par ses paroles, que chacun d'eux se persuada qu'il répondait au type de son initiation. Et c'est d'après cette initiation qu'ils peignirent son développement d'âme tout en conservant les faits essentiels de sa vie publique. Si les trois premiers Évangiles (les Synoptiques) racontent la vie de Jésus d'une manière analogue, cela ne prouve qu'une chose, c'est qu'ils ont puisé dans les mêmes traditions des Mystères. Le quatrième Évangile est saturé des idées du philosophe religieux Philon. Cela ne prouve pas autre chose si ce n'est que cet Évangile a été rédigé selon la même tradition.

Il y a donc des éléments très divers dans les Évangiles. D'abord, des faits qui apparaissent comme des faits historiques. Ensuite des paraboles qui se servent de certains récits pour symboliser des idées. Enfin les enseignements qui contiennent la morale chrétienne. Dans l'Évangile de Jean, il n'y a pas de parabole. Il puisait à une école mystique qui croyait pouvoir se passer de paraboles.

L'histoire de la malédiction du figuier jette un jour très vif sur le rapport des paraboles avec les faits qui se donnent pour historiques dans les premiers Évangiles. On lit dans Marc (XI, 11-14) : « Ainsi Jésus entra dans Jérusalem et alla au temple ; et ayant tout considéré, comme il était déjà tard, il sortit pour aller à Béthanie avec les douze apôtres. Le lendemain, comme ils sortaient de Béthanie, il eut faim ; et voyant de loin un figuier qui avait des feuilles, il y alla pour voir s'il y trouverait quelque chose ; et s'en étant approché il n'y trouva que des feuilles, car ce n'était pas la saison des figues. Alors Jésus, prenant la parole, dit au figuier : « Que jamais personne ne mange de ton fruit. » Au même endroit de la vie de Jésus, Luc place une parabole qu'il met dans la bouche du maître : « Il leur dit aussi cette similitude : Un homme avait un figuier planté dans sa vigne, et il y vint chercher du fruit, et n'y en trouva point. Et il dit au vigneron : Voici il y a déjà trois ans que je viens chercher du fruit à ce figuier et je n'y en trouve point : coupe-le ; pourquoi occupe-t-il la terre inutilement ? » C'est là une parabole qui symbolise l'inutilité de l'ancienne doctrine, représentée par le figuier. Ce qui est pris comme une image, Marc le raconte comme un fait qui semble se donner comme historique. On doit admettre qu'en général les faits des Évangiles ne doivent pas être pris au sens historique mais au sens mystique. Ce sont des pensées venant de différentes traditions mystiques. Alors la différence cesse entre l'Évangile de saint Jean et les Synoptiques. Pour l'interprétation mystique, l'examen historique n'entre pas en ligne de compte. Que l'un ou l'autre Évangile ait été rédigé quelque dix ans plus tôt ou plus tard, pour le mystique leur mérite est égal. L'Évangile de saint Jean comme les autres.

Et les « miracles » n'offrent pas la moindre difficulté pour l'interprétation mystique. Selon la conception courante, les miracles suspendent les lois du monde physique. Ils seraient cela, si on les considérait comme des événements s'étant passés sur le plan physique, dans le monde périssable. Mais, si ce sont des événements accomplis à un degré supérieur de la vie, dans le monde spirituel, alors il est évident qu'ils ne peuvent être compris dans l'ordre de la nature physique.

Il faut donc avant tout lire les Évangiles correctement, c'est-à-dire dans le sens de ceux qui les ont écrits. On saura alors dans quelle mesure ils parlent du fondateur du christianisme. Leur intention est de raconter sa vie selon le canon des Mystères. Ils la racontent comme un myste raconterait la vie d'un initié. Seulement ils nous montrent l'initiation comme la caractéristique d'un seul être. Et ils font dépendre le salut du fait que tous les hommes doivent s'en tenir à cet initié d'un genre unique. Les anciens Mystères avaient révélé « le royaume de Dieu » à un petit nombre d'élus, nommés des initiés. Jésus, l'initié d'un genre unique, est venu apporter ce royaume à tous ceux qui veulent s'adjoindre à lui. Le fait individuel est devenu le fait de la communauté qui reconnaît Jésus pour son maître.

On comprend cette croyance si l'on admet que la sagesse des Mystères a été adaptée à la religion populaire d'Israël. Le christianisme est sorti du judaïsme. Il ne faut donc pas s'étonner qu'avec le christianisme les conceptions des Mystères, qui furent le bien commun de la vie spirituelle en Égypte et en Grèce, se greffèrent sur le judaïsme. Quand on regarde les religions populaires de l'antiquité, on s'aperçoit de différences considérables entre elles. Mais si l'on regarde la sagesse sacerdotale, qui leur servait de noyau, on constate qu'elle est la même partout. Platon sait qu'il est d'accord avec les prêtres égyptiens quand il s'efforce de dégager le noyau de la sagesse grecque en décrivant sa vision de l'univers. On raconte de Pythagore qu'il fit des voyages en Égypte et en Inde et qu'il se mit à l'école des sages de ces pays. Des penseurs qui vécurent aux premiers temps du christianisme trouvèrent assez de ressemblance entre les doctrines de Platon et le sens profond des écrits mosaïques pour appeler Platon « un Moïse athénien ».

La sagesse des Mystères existait donc partout. Elle prit dans le judaïsme la forme qu'elle devait prendre pour devenir une religion mondiale.

Le judaïsme attendait le Messie. Faut-il s'étonner après cela que l'Initié suprême ne pouvait pas être considéré autrement par les Juifs que comme le Messie. Cette circonstance jette même un trait de lumière sur le fait qu'avec le christianisme l'initiation, qui n'avait été jusque-là qu'un événement individuel, devint un événement populaire. La religion juive était une religion nationale. Le peuple juif se considérait comme un tout. Son Iao était le Dieu de toute la nation. Si son fils devait naître là, il ne pouvait être que le sauveur de tout le peuple. Ici le salut ne pouvait être le privilège de quelques mystes isolés; il fallait que la rédemption fût apportée à tous. Il n'y a pas de doute non plus que le judaïsme renfermait des Mystères, qui de l'obscurité du culte secret pouvaient être transportés dans la religion officielle. A côté du pharisaïsme attaché aux Mystères, il y avait une mystique savante chez les prêtres. Comme ailleurs on nous décrit cette sagesse mystérieuse. Un rabbin ayant un jour parlé de cette sagesse, un de ses auditeurs, en pressentant la signification secrète, s'écria : « O vieillard, qu'as-tu fait? Oh! si tu t'étais tu! Tu crois pouvoir naviguer sans voile et sans mât sur la mer immense. Voilà ton entreprise. Veux-tu t'élever dans les airs? Tu n'en es pas capable. Veux-tu t'enfoncer dans la profondeur? Là s'ouvre un abîme béant. » Ce passage fait partie de la Kabbale. On y parle aussi de quatre rabbins qui cherchèrent le sentier secret du divin. Le premier mourut; le second perdit la raison; le troisième fit d'énormes dégâts ; le quatrième seulement, Rabbi Akiba, entra et ressortit paisiblement du sanctuaire [1].

On voit qu'il y avait aussi dans le judaïsme un terrain favorable, où un initié d'une espèce unique pouvait se développer. Un tel initié devait se dire : Je ne veux pas que le salut demeure le privilège d'un petit nombre d'élus. Je veux que le peuple tout entier puisse prendre part à ce salut. Cet homme devait transporter dans le vaste monde ce que les élus avaient vécu dans les temples. Il devait prendre sur lui d'être en esprit et en vérité pour sa communauté ce que le culte des Mystères avait été jadis pour les élus qui participaient à ses privilèges. Certes il ne pouvait pas donner purement et simplement à la foule *les choses vécues* des Mystères. Mais il voulait donner à tous la certitude de la vérité qu'on contemplait dans les Mystères, afin de les élever à un degré supérieur de l'existence. « Heureux ceux qui *croient* et n'ont pas *vu*. » Il voulut implanter dans les cœurs la certitude du divin sous la forme de la *confiance*. La pensée que, parmi

1. Les trois premiers rabbins échouent dans la voie de l'occulte ; le premier, par faiblesse physique ; le second par faiblesse morale ; le troisième, « qui fait un mal énorme », est le magicien noir qui met la science occulte au service de son égoïsme. Le quatrième, qui seul atteint le but par l'équilibre de ses facultés et par sa persévérance, est l'initié véritable. — NOTE DU TRADUCTEUR.

ceux qui sont en dehors des Mystères, il y en a beaucoup qui ne peuvent pas trouver le chemin, dut peser comme une montagne sur l'âme de Jésus. Il voulut diminuer l'abîme entre les initiés et le peuple. Le christianisme devait être le moyen par lequel chacun pouvait trouver la voie. Si la plupart ne sont pas prêts encore à y marcher, que du moins l'accès ne leur en soit pas fermé. « Le fils de l'Homme est venu pour conduire à la vie éternelle tous les égarés. » Jésus voulut rendre « le royaume de Dieu » plus indépendant des cérémonies extérieures des Mystères. Il ne devait plus dépendre désormais de « gestes extérieurs ». Car « le royaume de Dieu n'est pas ici ou là, il est au-dedans de vous. » Il ne lui importait pas de savoir jusqu'à quel point tel ou tel était parvenu dans le royaume de l'esprit; il lui importait que *tous* eussent la certitude : ce royaume existe. « Ne vous réjouissez pas de ce que les esprits vous soient soumis; réjouissez-vous que vos noms soient inscrits dans le royaume du ciel. » En d'autres termes : Ayez confiance dans le Divin; le temps viendra où vous le trouverez.

CHAPITRE VIII

LE MIRACLE DE LAZARE

Parmi les « miracles » attribués à Jésus, il faut reconnaître une signification toute particulière à la résurrection de Lazare. Tout concourt à donner au fait raconté ici par l'Évangéliste une place capitale dans le « Nouveau Testament ». Rappelons que ce récit ne se trouve que dans l'Évangile de Jean, c'est-à-dire de l'Évangéliste qui, par ses paroles d'introduction, réclame une interprétation précise de toutes ses confidences.

Jean commence par ces phrases : « La Parole était au commencement ; la Parole était avec Dieu, et cette Parole était Dieu... Et la Parole a été faite chair, et a habité parmi nous, pleine de grâce et de vérité ; et nous avons vu sa gloire, une gloire telle que celle du Fils unique venu du Père. »

Celui qui met de telles paroles au début d'un récit, indique pour ainsi dire du doigt, que le récit tout entier doit être interprété dans un sens particulièrement profond. On ne peut s'en tenir ici à des raisonnements qui s'arrêtent à la surface des choses. Qu'est-ce donc que l'apôtre Jean a voulu dire avec ses paroles d'introduction ? Il dit clairement qu'il parle de quelque chose d'éternel, de quelque chose qui était dès le commencement. Il raconte des faits ; mais ils ne doivent pas être pris pour des faits qui s'adressent à l'œil et à l'oreille et sur lesquels s'évertue l'esprit logique. « La Parole » qui agit dans l'Esprit des mondes, il la cache sous des faits. Ces faits sont pour lui les véhicules où s'exprime un sens supérieur. On peut donc supposer que sous le fait d'un homme réveillé d'entre les morts, fait qui propose aux yeux, aux oreilles et à l'intelligence logique les plus grandes difficultés, se dérobe le sens le plus profond.

A cela vient s'ajouter autre chose. Renan a remarqué dans sa *Vie de Jésus* que, sans aucun doute, la résurrection de Lazare a dû exercer une influence décisive sur la fin de la vie de Jésus. Une telle pensée est tout à fait inadmissible du point de vue où se place Renan. Car pourquoi le fait que Jésus avait ressuscité un mort devait-il apparaître si dangereux à ses adversaires qu'ils en vinrent à penser : Jésus et le judaïsme sont incompatibles ? Il n'est pas logique de dire avec Renan : « Peut-être Lazare, pâle encore de sa maladie, se fit-il enfermer dans son tombeau de famille. Ces tombeaux étaient de grandes chambres taillées dans le roc, où l'on pénétrait par une ouverture carrée que fermait une dalle énorme. Marthe et Marie vinrent au-devant de Jésus, et, sans le laisser entrer dans Béthanie, le conduisirent à la grotte. L'émotion qu'éprouva Jésus près du tombeau de son ami qu'il croyait mort (Jean, XI, 35 et suiv.) peut être prise par les assistants pour ce trouble, ce frémissement qui accompagnaient les miracles ; l'opinion populaire voulait que la vertu divine fût dans l'homme comme un principe épileptique et convulsif. Jésus (toujours dans l'hypothèse ci-dessus énoncée) désira voir encore une fois celui qu'il avait aimé, et la pierre ayant été écartée, Lazare sortit avec ses bandelettes et la tête entourée d'un suaire. Cette apparition dut naturellement être regardée par tout le monde comme une résurrection. La foi ne connaît d'autre loi que l'intérêt de ce qu'elle croit le vrai. » Cette interprétation du miracle de

Lazare apparaît simplement naïve, surtout lorsqu'on y rattache l'opinion suivante : « Tout porte à croire que le miracle de Béthanie contribua sensiblement à avancer la fin de Jésus. » Et cependant il y a au fond de cette dernière assertion de Renan un sentiment juste. Seulement Renan ne peut ni interpréter ni justifier ce sentiment avec ses moyens.

Il faut admettre en effet que Jésus ait fait à Béthanie quelque chose de particulièrement important pour justifier des paroles comme celles-ci : « Alors les principaux sacrificateurs et les pharisiens assemblèrent le conseil et dirent : Que ferons-nous ? Car cet homme fait beaucoup de miracles ? » (Jean, XI, 47.) Renan suppose aussi quelque chose de particulier. « Il faut reconnaître cependant, dit-il, que le tour de la narration de Jean a quelque chose de profondément différent des récits des miracles, éclos de l'imagination populaire, qui remplissent les Synoptiques. Ajoutons que Jean est le seul Évangéliste qui ait une connaissance précise des relations de Jésus avec la famille de Béthanie, et qu'on ne comprendrait pas qu'une création populaire soit venue prendre place dans un cadre de souvenirs personnels. Il est donc vraisemblable que le prodige dont il s'agit n'est pas un de ces miracles complètement légendaires et dont personne n'est responsable. En d'autres termes, nous pensons qu'il se passa à Béthanie quelque chose qui fut regardé comme une résurrection. » Cela ne veut-il pas dire que Renan soupçonne qu'il s'est passé à Béthanie une chose pour laquelle il n'a pas d'explication? Il se met à couvert derrière ces paroles : « A la distance où nous sommes et en présence d'un seul texte offrant des traces évidentes d'artifice de composition, il est impossible de décider si, dans le cas présent, tout n'est que fiction ou si un fait réel arrivé à Béthanie servit de base au bruit répandu. » Mais qu'est-ce à dire ? Ne pourrions-nous pas nous trouver en présence d'un texte qu'il suffirait de bien lire pour le bien comprendre ? Alors peut-être cesserait-on de parler de « fiction ».

Il faut reconnaître que tout ce récit de l'Évangile de Jean est enveloppé d'un voile de mystère. Un seul trait le prouvera. Si le récit doit être pris à la lettre, quel sens faut-il donner à ces mots : « Sa maladie n'est pas mortelle mais une maladie à la gloire de Dieu, afin que le fils de Dieu en soit honoré. » Et que dire encore de ces paroles : « Jésus dit : Je suis la résurrection et la vie. Celui qui croit en moi vivra, si même il doit mourir. » (Jean, XI, 4-25.) Ce serait une trivialité de croire que Jésus a voulu dire : Lazare n'est tombé malade que pour donner à Jésus l'occasion de faire montre de son art. Et ce serait une autre trivialité d'attribuer à Jésus la pensée que la foi en lui fait littéralement revivre les morts. Et qu'y aurait-il d'extraordinaire dans un homme ressuscité d'entre les morts et qui après la résurrection serait le même qu'auparavant? Et quel sens cela aurait-il de désigner la vie d'un tel homme par ces mots : « Je suis la résurrection et la vie ? » La vie et le sens entrent dans les paroles de Jésus, si nous les prenons d'abord symboliquement et ensuite d'une certaine manière *littéralement* telles qu'elles sont écrites dans le texte. Jésus ne dit-il pas qu'Il personnifie la résurrection advenue à Lazare et qu'Il est la Vie même que vit Lazare ? Qu'on prenne à la lettre ce qu'est Jésus dans l'Évangile de Jean.

Il est « la Parole faite chair ». Il est l'Éternel qui était dès le commencement. S'Il Est vraiment la Résurrection : alors c'est la vie éternelle primordiale qui a été réveillée en Lazare. Il s'agit donc ici d'une évocation de « la Parole » éternelle — et cette Parole est la Vie à laquelle Lazare a été éveillé. Il s'agit ici d'une maladie qui ne mène pas à la mort mais « à la gloire de Dieu ». Si la parole éternelle est ressuscitée en Lazare, alors tout cet événement manifeste la gloire de Dieu. Car par tout ce processus Lazare est devenu un autre. Avant cela, la Parole, l'Esprit ne vivait pas en lui ; maintenant cet Esprit vit en lui. Cet esprit a été enfanté dans son âme. Sûrement toute naissance est accompagnée d'une maladie. Or cette maladie ne mène pas à la mort, mais à une vie nouvelle.

Où se trouve le tombeau d'où est née la Parole ? Pour répondre à cette question, il suffit de penser à Platon, qui appelle le corps de l'homme « un tombeau de l'âme ». Et il suffit de rappeler que Platon lui aussi parle d'une sorte de résurrection quand il fait allusion au réveil de la vie spirituelle dans le corps. Ce que Platon appelle l'âme spirituelle, Jean le désigne par le Logos, le Verbe ou la Parole. Platon aurait pu dire : Celui qui devient spirituel, a ressuscité quelque chose de divin du tombeau de son corps. Et pour Jean la vie de Jésus est cette résurrection. Rien d'étonnant donc s'il fait dire à Jésus : « Je suis la résurrection. »

On ne saurait douter que l'épisode de Béthanie est une résurrection dans le sens spirituel. Il suffit de caractériser son aventure avec les mots de ceux qui furent initiés aux Mystères, et le sens s'en dévoile aussitôt. Que dit Plutarque du but des Mystères ? Ils devaient servir à détacher l'âme de la vie corporelle et à l'unir aux Dieux.

Voici comment Schelling décrit les sensations d'un initié :

« L'initié devenait par l'initiation un membre de la chaîne magique, lui-même un Kabire [1], il était reçu dans un organisme indestructible, et, comme s'expriment les vieilles inscriptions, associé à l'armée des Dieux supérieurs. » (Schelling, *Philosophie de la révélation.*) On ne peut pas désigner d'une manière plus significative le revirement qui se produisait dans la vie de l'homme qui avait reçu l'initiation que par ces mots d'Adesius à son disciple l'empereur Constantin. « Quand un jour tu prendras part aux Mystères, tu auras honte d'être né comme un homme. »

Que l'âme entière se pénètre de tels sentiments et l'événement de Béthanie apparaîtra sous son vrai jour. Alors le récit de Jean nous fait vivre quelque chose de particulier. On entrevoit l'aube d'une certitude qu'aucune interprétation logique, aucun essai d'explication rationnelle ne peuvent donner. Un Mystère dans le vrai sens du mot est devant nos yeux. « Le Verbe éternel » est entré en Lazare. Il est devenu, pour parler la langue des Mystères, un véritable initié. Et l'événement qui nous est raconté est un phénomène d'initiation.

(1) *Les Kabires* étaient le nom que se donnaient les initiés de Samothrace.

Représentons-nous la scène entière comme une initiation. Jésus aime Lazare. Ce n'est pas une amitié dans le sens ordinaire du mot. Cela serait contraire au sens de l'Évangile de Jean, où Jésus est « la Parole ». Jésus a aimé Lazare parce qu'il l'a jugé mûr pour l'éveil de « la Parole » en lui. Des rapports existaient entre Jésus et la famille de Béthanie. Cela veut dire Jésus avait tout préparé dans cette famille pour l'acte final du drame : la résurrection de Lazare. Celui-ci est le disciple de Jésus. Il est un disciple tel que Jésus peut avoir la certitude que la résurrection s'accomplira en lui. Le dernier acte de la résurrection consistait en une action symbolique. L'homme ne devait pas seulement comprendre la parole : « meurs et deviens ! » ; il devait l'accomplir par un acte. Il devait rejeter sa partie terrestre, celle dont l'homme supérieur dans le sens des mystères doit avoir honte. L'homme terrestre devait mourir. Son corps était plongé *pour trois jours* dans un sommeil léthargique. Eu égard à la prodigieuse transformation vitale qui s'accomplissait alors en lui, cet acte ne peut être désigné autrement que du nom de symbolico-réel. Mais ce processus était un événement qui partageait la vie du myste en deux parts. Celui qui ne connaît point par expérience personnelle le contenu supérieur de pareils actes ne peut pas les comprendre. On ne peut lui en donner une idée approximative que par comparaison.

Résumons par exemple en quelques mots la substance de la tragédie du *Hamlet* de Shakspeare. Celui qui comprend ce résumé peut dire dans une certaine mesure qu'il connaît Hamlet. Selon la logique, il le connaît en effet. Mais quelle autre connaissance en possédera celui qui a vu la tragédie shakspearienne se dérouler sous ses yeux avec toutes ses richesses. Celui-là en aura bu l'essence ; elle aura passé par son cœur et aucune description ne saurait remplacer la sensation vivante qui contient un infini. Pour lui, l'idée est devenue un événement artistique, une expérience de l'âme.

Ce qui, dans le cas d'une représentation dramatique, s'accomplit dans l'imagination du spectateur, s'accomplit dans l'homme, sur un plan supérieur de la conscience, par l'événement magique et significatif de la résurrection, qui est le couronnement de l'initiation. En lui, l'homme *vit* symboliquement ce qu'il *acquiert* spirituellement. Le corps terrestre a été vraiment mort pendant trois jours. Du sein de la mort jaillit la vie nouvelle. L'âme immortelle a survécu à la mort. Elle en sort avec la conscience de son immortalité ; car elle l'a vécue.

C'est ce qui advint à Lazare. Jésus l'avait préparé à la résurrection. La maladie dont il s'agit dans l'Évangile de Jean est à la fois symbolique et réelle. C'est une épreuve de l'initiation qui doit conduire l'initié, après un sommeil de trois jours, à une vie véritablement nouvelle.

Lazare est mûr pour accomplir cette métamorphose en lui-même. Il revêt la robe de lin des mystes. Il tombe dans une léthargie qui est un symbole de la mort. On l'enferme dans la crypte. Quand Jésus arrive, les trois jours étaient révolus. « Ils ôtèrent donc la pierre du lieu où le mort était couché. Et Jésus, élevant les yeux au ciel dit : Mon Père ! je te rends grâce de ce que tu m'as exaucé. » (Jean, XI, 41.) Le Père avait exaucé Jésus, car Lazare était parvenu à l'acte final du grand drame de la connaissance. Il avait reconnu comment on arrive à la résurrection. Une initiation aux Mystères venait de s'*accomplir*. L'initiation telle qu'on l'avait toujours conçue dans l'antiquité venait de s'*accomplir* au grand jour. Jésus en avait été l'initiateur. C'est ainsi qu'on s'était toujours représenté l'union avec le Divin.

Les paroles de Jésus qui suivent cet acte sont significatives : « Je savais bien que tu m'exauces toujours : mais je dis ceci à cause de ce peuple qui est autour de moi, afin qu'il croie que tu m'as envoyé. » Au fond, cet événement n'était pour Jésus que le moyen et non le but. Il l'a provoqué, afin que ceux qui ne croient à la résurrection que sous cette forme extérieure, croient à sa parole. Pour lui, le principal est la résurrection de l'âme dont cette résurrection du corps n'était que le symbole. On en peut conclure qu'il croyait à un autre genre de résurrection et que cette résurrection était précisément la sienne. Mais la résurrection du Christ devait produire un effet sur l'humanité tout entière. Elle devait, dans une certaine mesure, être pour tous les hommes ce que la résurrection des Mystères était pour les initiés. Lazare, le ressuscité, devait être le témoin conscient du grand événement historique de la résurrection du Christ. En Jésus-Christ la tradition immémoriale est devenue une personne. Et l'Évangéliste de l'Esprit a ainsi le droit de dire : « En Lui la Parole a été faite chair. » Il a le droit de voir en Jésus un *mystère corporisé*. Et c'est pourquoi l'Évangile de Jean est un Mystère. Il faut le lire avec cette pensée que les faits y sont des faits spirituels. Si un prêtre de l'ancien cycle eût écrit cet Évangile, son récit eût pris la forme d'un rite traditionnel. Pour Jean ce rite est devenu une personne. Il est devenu « la vie de Jésus ».

Un grand savant moderne, Burkhardt, a dit

dans son livre sur l'époque de Constantin : « La lumière ne se fera jamais sur les Mystères antiques. » C'est que Burkhardt n'a pas su trouver le chemin qui mène à cette lumière. Qu'on lise l'Évangile de Jean comme un accomplissement à la fois symbolique et personnel dans la vie d'un homme et dans un moment capital de l'histoire du grand Drame de la Connaissance que les anciens représentaient dans leurs temples — *et le regard plongera au cours du mystère universel à travers le mystère chrétien.*

Dans le cri de Jésus : « Lazare, sors de là ! » on peut reconnaître la voix des prêtres initiateurs de l'Égypte rappelant à la vie de tous les jours leurs disciples couchés dans le tombeau et figés dans le sommeil léthargique, où ils s'étaient plongés pour mourir aux choses terrestres et percevoir le monde divin dans le ravissement de l'extase. Mais par là Jésus avait divulgué le secret des Mystères. On comprend donc que les Juifs pouvaient tout aussi peu laisser impuni un tel acte, que les Grecs auraient pu ne pas punir Eschyle s'il avait réellement trahi les secrets d'Éleusis.

Mais Jésus n'attachait aucune importance aux procédés extérieurs de l'initiation : « Je savais bien que tu m'exauces toujours ; mais je dis ceci à cause de ce peuple qui est autour de moi, afin qu'il croie que tu m'as envoyé. » Dans les Mystères, on provoquait la conviction de l'immortalité de l'âme par de savantes et secrètes procédures. Aussi l'antiquité a-t-elle dit par la bouche de ses poètes : « Heureux *les initiés*, car *ils ont vu.* » Mais Jésus voulait donner la félicité à tous. Pour cela il fallait dire : « Heureux *ceux qui n'ont pas vu* et qui ont cru quand même. »

CHAPITRE IX

L'APOCALYPSE DE JEAN

A la fin du Nouveau Testament se trouve un document remarquable « l'Apocalypse ou Révélation de saint Jean ». Il suffit de lire les premières paroles pour en pressentir le caractère mystérieux : « La révélation de Jésus-Christ, qu'il a reçue de Dieu pour faire connaître à ses serviteurs les choses qui doivent arriver bientôt et qu'il a *mises en signes* et envoyées par son ange à Jean son serviteur. » Ce qui est révélé ici l'est sous forme *de signes*. Le sens littéral ne doit donc pas être accepté comme tel ; il faut y chercher un sens plus profond dont le sens littéral n'est que le symbole. Beaucoup d'autres détails prouvent qu'un « sens secret » se cache sous l'Apocalypse. Jean s'adresse « aux sept

Églises d'Asie ». Ce nombre ne désigne pas des Églises réelles. Car le nombre sept est le nombre sacré qui a été choisi à cause de son sens symbolique. Le côté mystérieux s'accentue par la manière dont Jean est arrivé à sa révélation. « Je fus ravi en esprit au jour du Seigneur, et j'entendis derrière moi une voix éclatante, comme le son d'une trompette... Écris dans un livre ce que tu vois et l'envoie aux sept Églises qui sont en Asie. » Nous sommes donc en présence d'une révélation que Jean a reçue *en esprit*. Et c'est la révélation de Jésus-Christ. Ce que Jésus a manifesté au monde apparaît donc enveloppé d'un sens secret. Il faut donc chercher un sens secret dans la doctrine de Jésus-Christ. Cette révélation est dans le même rapport avec le christianisme ordinaire et officiel que l'initiation aux Mystères avec la religion populaire des anciens peuples. Cela justifie l'essai de traiter l'Apocalypse comme un mystère.

Jean s'adresse à *sept* Églises. Que l'on cherche à comprendre ce qu'il veut dire par là. Il suffit de prendre au hasard le message à l'une des Églises pour deviner le sens général des autres messages. Écoutons le premier : « Écris à l'Ange de l'Église dÉ'phèse : je connais tes œuvres, à savoir ton travail et ta patience ; et je sais que tu ne peux souffrir les méchants, et que tu as éprouvé ceux qui se disent apôtres, et qui ne le sont point; que tu les as trouvé menteurs; que tu as souffert, que tu as eu de la patience et que tu as travaillé pour mon nom et que tu ne t'es point découragé. Mais j'ai quelque chose contre toi, c'est que tu as abandonné ton premier amour. C'est pourquoi souviens-toi d'où tu es déchu, et te repens, et fais tes premières œuvres; autrement je viendrai bientôt à toi, et j'ôterai ton chandelier de ta place, si tu ne te repens. Mais tu as ceci de bon : c'est que tu hais les actions des Nicolaïtes, lesquelles je hais aussi. Que celui qui a des oreilles écoute ce que l'Esprit dit aux Églises : A celui qui vaincra, je donnerai à manger de l'arbre de vie, qui est au paradis de Dieu. » Voici donc l'exhortation et la menace que l'Esprit fait à l'une des Églises. Cette Église a pris le chemin indiqué par le christianisme. Elle a même la clairvoyance nécessaire pour distinguer les faux apôtres des vrais. Elle veut être chrétienne, car elle a travaillé au nom du Christ. Mais elle a délaissé le premier amour. Elle est entrée dans le vrai chemin; mais elle n'a pas poursuivi sa route dans la bonne direction. Elle s'est contentée des premiers fruits. Un chemin a été marqué par Jésus pour atteindre le Divin. Pour y marcher il faut de la patience. On peut croire trop tôt qu'on est devenu un vrai chrétien. On s'est laissé conduire à une étape par le Christ ; mais alors on cesse de le prendre pour guide. On suit ses propres voies et l'on retombe dans les basses régions de l'humanité. Le savoir qui s'attache à ce qui est compréhensible pour les sens s'élève à une sphère supérieure en se spiritualisant ; alors il se divinise en sagesse. Si le savoir n'arrive pas à cette hauteur il reste dans le périssable. Jésus a montré un chemin pour atteindre l'Éternel. Il faut que la science patiente jusqu'à ce qu'elle devienne divine. Il faut qu'elle suive avec amour les traces qui la conduiront jusqu'à la sagesse. Les Nicolaïtes étaient une secte qui prenait le christianisme à la légère. Ils ne voyaient qu'une chose : le Christ est la Parole de Dieu, l'éternelle sagesse enfantée dans l'homme. Donc, concluaient-ils, la sagesse humaine est la sagesse divine. Il suffit de poursuivre la science humaine pour faire des choses divines en ce monde. Mais il n'en est pas ainsi. La sagesse humaine est aussi périssable que tout le reste à moins d'avoir été transmuée en une sagesse divine. Telle n'est pas votre pensée, dit « l'Esprit » aux membres de l'Église d'Éphèse par la voix de l'apôtre. Vous ne vous appuyez pas uniquement sur la simple sagesse humaine. Vous êtes entrés sincèrement dans la voie du christianisme. Mais vous croyez avoir atteint son but avec quelques sentiments chrétiens. Vous en agissez avec les conceptions chrétiennes comme les mondains avec leurs conceptions mondaines. Vous ne comprenez pas que la voie du Divin est une voie infinie ; et que, si vous avez atteint un degré de la divinité, vous devez monter toujours plus haut dans la lumière.

En se retournant, Jean aperçoit « sept chandeliers d'or » et au milieu d'eux « quelqu'un qui ressemblait au Fils de l'Homme, vêtu d'une longue robe, et ceint sur la poitrine d'une ceinture d'or. Sa tête et ses cheveux étaient blancs comme de la laine blanche et comme la neige et ses yeux étaient comme une flamme de feu. » Nous apprenons ensuite (Chap. I, 20) : « Les sept chandeliers sont les sept Églises. » D'après ce qui a été montré pour la première Église, les chandeliers sont sept voies différentes par lesquelles on peut parvenir au Divin. Elles sont toutes plus ou moins imparfaites. « Et le fils de l'Homme avait sept étoiles dans sa main droite. » (I, 16). Les étoiles sont les Anges des sept Églises (I, 20). Les *Daïmones* de la sagesse des Mystères sont ici devenus des Anges. Ils doivent donc servir de guides sur tous les chemins imparfaits qui mènent au Divin. « Et de sa bouche (de celle du Fils de l'Homme) sortait une épée aiguë à deux tranchants et son visage resplendissait comme le soleil quand il luit dans sa force. » Cette épée elle aussi se retrouve dans les Mystères grecs. On effrayait celui qui devait être initié en brandissant une épée à ses yeux. Elle symbolise la situation terrible dans laquelle se trouve celui qui veut atteindre la divinité pour que « la face de la sagesse luise sur lui comme un soleil éclatant ». Jean, lui aussi, passe par la crainte et la terreur. « Dès que je l'eus vu, je tombai à ses pieds comme mort ; mais il mit sa main droite sur moi et me dit. Ne crains rien. » (I, 17.) Celui qui veut être initié, doit passer par la mort. Celui qui le guide doit le conduire au delà de la naissance et de la mort. L'initié entre dans une vie nouvelle. « J'étais mort, mais maintenant je suis vivant aux siècles des siècles et je tiens les clefs de l'enfer et de la mort. »

Ainsi préparé, Jean est conduit aux secrets supérieurs. « Après cela je regardai et je vis une porte ouverte dans le ciel ; et la première voix que j'avais entendue comme celle d'une trompette et qui parlait avec moi, me dit : Monte ici, et je te ferai voir les choses qui doivent arriver dans la suite. » (IV, 1.) C'est la source des choses que l'on montre à Jean. « Et aussitôt je fus ravi en esprit ; et voici un trône était dressé dans le ciel, et quelqu'un était assis sur ce trône. Celui qui y était assis paraissait semblable à une pierre de jaspe et de sardoine ; et le trône était environné d'un arc-en-ciel qui paraissait comme une émeraude. » Ceci est une description de la source originaire de toute chose ; elle ne fait qu'indiquer l'essence de *l'Indescriptible.* « Autour de ce trône il y avait vingt-quatre autres trônes ; et je vis sur ces trônes vingt-quatre vieillards assis, vêtus d'habillements blancs et qui avaient sur leurs têtes des couronnes d'or. » Les hommes très avancés en sagesse entourent la source primordiale de l'Être pour voir et rendre témoignage de son Essence infinie. « Et au milieu du trône et autour du trône il y avait quatre animaux pleins d'yeux devant et derrière. Le premier animal ressemblait à un lion ; le second ressemblait à un taureau ; le troisième avait le visage comme celui d'un homme, et le quatrième ressemblait à un aigle qui vole. Ces quatre animaux avaient chacun six ailes, et ils étaient pleins d'yeux tout à l'entour et au dedans ; et ils ne cessaient jour et nuit, de dire : Saint, saint, saint est le Seigneur tout-puissant qui était, qui Est et qui sera ! » Il n'est pas difficile de reconnaître que les quatre animaux signifient la vie multiforme. Plus tard, quand retentissent les trompettes (au chapitre VI) ils élèvent leurs voix ; cela montre clairement ce qu'ils signifient.

Dans la main droite de celui qui est assis sur

le trône, se trouve un livre dans lequel est prescrit le chemin de la plus haute sagesse (V, 1). Un seul est digne d'ouvrir le livre. « Voici, le lion, qui est issu de la tribu de Juda et de la race de David, a vaincu pour ouvrir le livre et en délier les sept sceaux. » Le livre a sept sceaux. La sagesse humaine a sept voies différentes qui conduisent au même but. La nature septuple tient au caractère sacré du nombre sept, qui est le chiffre organique de la vie. La sagesse mystique de Philon désigne sous le nom de *sceaux*, *les pensées éternelles* qui s'expriment dans les choses. La sagesse humaine cherche *ces grandes pensées de la création*. Mais la vérité divine ne se trouve que dans le livre scellé des sept sceaux. Il faut d'abord que les pensées fondamentales de la création soient dévoilées, que les sceaux soient ouverts. Alors sera révélé ce qui est écrit dans le livre. Jésus, le lion de l'Esprit, a le pouvoir d'ouvrir les sceaux. Il a donné aux grandes pensées de la création une direction, qui conduit, à travers elles, à la sagesse. L'Agneau, qui a été égorgé et qui a acheté de son sang son droit à la divinité, Jésus qui a fait entrer le Christ en lui, qui a traversé ainsi le mystère de la vie et de la mort dans le sens suprême, ouvre le livre (V, 9 à 10). Et les animaux, dont les formes symbolisent les puissances de la vie universelle, proclament ce qu'ils savent à l'ouverture de chaque sceau.

A l'ouverture du premier sceau, Jean aperçoit un cheval blanc sur lequel est assis un cavalier avec un arc. Dans le cheval blanc, la première Puissance de l'univers devient visible ; c'est une personnification de la *Pensée créatrice.* L'humanité est mise dans la droite voie par le nouveau cavalier qui représente le christianisme. La lutte s'apaise par la foi nouvelle. — A l'ouverture du second sceau, apparaît un cheval roux monté par un autre cavalier. Il bannit de la terre *la Paix*, qui est la seconde Puissance de l'univers, afin que l'humanité ne néglige pas dans la paresse la culture du Divin. — A l'ouverture du troisième sceau, se montre la Puissance universelle de *la Justice* (le cavalier qui tient la balance). — Avec le quatrième sceau, apparaît la *Puissance religieuse*, qui a reçu par le christianisme une dignité nouvelle.

La signification des quatre animaux s'éclaire ici. Ils représentent les quatre puissances universelles qui doivent recevoir du christianisme une direction nouvelle : *la Guerre* (le lion) ; *le Travail* paisible (le bœuf) ; *la Justice* (l'être au visage humain) ; *la Religion* ou l'élan vers le Divin (l'aigle). La signification du troisième animal à figure humaine appert de ce fait qu'à l'ouverture du sceau il est dit : « La mesure de froment vaudra un denier et trois mesures d'orge un denier. » Le cavalier, auquel il répond, tient une balance, signe antique de la Justice. A l'ouverture du quatrième sceau, on aperçoit celui dont le nom est : « La Mort et l'Enfer le suivent. » Ce cavalier est la Justice Religieuse. (VI, 6 et 7.)

A l'ouverture du cinquième sceau, apparaissent les âmes qui ont déjà agi dans le sens du christianisme. La grande pensée de la création, qui s'est incorporée dans le christianisme apparaît ici tout entière. Mais le christianisme dont il s'agit ici ne signifie encore que la première communauté chrétienne, périssable comme d'autres formes de la création. — Le sixième sceau est ouvert (chap. VII) ; on voit ici par le triomphe des élus, de ceux qui ont lutté « pour la parole de Dieu » que le monde spirituel du christianisme est un monde éternel. Il est sanctifié par sa propre création. « Et j'entendis que le nombre de ceux qui étaient marqués était de cent quarante-quatre mille, marqués d'entre toutes les tribus des enfants d'Israël. » (VII, 4.) Or, ce sont là ceux qui ont contemplé l'Éternel avant le temps du christianisme.

Suit l'ouverture du septième sceau. Ici se manifeste ce que le vrai christianisme doit réellement devenir dans l'évolution de notre monde Les sept Anges, qui « sont debout devant Dieu » apparaissent. Ces sept Anges sont les grands *Daïmones* des Mystères antiques. Ce sont les esprits qui conduisent à la contemplation de Dieu par la voie chrétienne. Ce qui s'accomplit maintenant représente la marche directe vers Dieu ; c'est une « initiation » qui devient le privilège de l'apôtre Jean. Ce qu'annoncent ces esprits est accompagné des signes nécessaires dans les initiations. « Le premier Ange sonna de la trompette : et il y eut une grêle et du feu mêlé de sang, qui tombèrent sur la terre ; et la troisième partie des arbres fut brûlée et tout ce qu'il y avait d'herbe verte. » Et de semblables fléaux arrivent quand les autres Anges sonnent de la trompette.

Ici l'on s'aperçoit qu'il ne s'agit pas d'une initiation dans le sens antique, mais d'une initiation nouvelle qui doit prendre la place de la première. Le christianisme ne devait pas comme les Mystères anciens être réservé à un petit nombre d'élus. Il devait appartenir à toute l'humanité et se projeter dans son plus lointain avenir. Le christianisme devait être une religion populaire et la vérité préparée pour tous ceux « qui ont des oreilles pour entendre ». Les mystes anciens étaient choisis parmi un grand nombre ; les trompettes du christianisme retentissent pour tous ceux qui veulent les écouter. Il dépend d'eux de s'en approcher. C'est pour cela que les terreurs qui accompagnent cette initiation de l'humanité future s'accroissent en proportions gigantesques.

Après les épouvantes de l'initiation, après que tout ce qui tient trop au périssable, pour pouvoir atteindre au christianisme, a trouvé la mort, apparaît « l'Ange puissant qui descend du ciel, dont le visage est comme le soleil et les pieds comme des colonnes de feu ». Il montre à Jean un petit livre ouvert et le lui donne. « Et il me dit : Prends-le et le dévore ; et il te causera de l'amertume dans le ventre, mais dans ta bouche il sera doux comme du miel. » Jean ne doit pas seulement *lire* dans le petit livre ; il doit l'absorber en lui-même ; il doit se pénétrer de son contenu. A quoi sert toute connaissance si l'homme ne s'en imprègne pas jusqu'à en faire la substance de son sang et de son âme. La sagesse doit devenir *de la vie* ; l'homme ne doit pas seulement reconnaître le Divin ; il doit se diviniser. Une telle sagesse, celle qui est écrite dans le livre de l'Ange, cause sans doute de la douleur à la nature périssable. « Il te causera de l'amertume dans le ventre... » mais elle donne d'autant plus de félicité à la nature éternelle : «... mais dans ta bouche il sera doux comme du miel. »

C'est seulement par une telle initiation que le christianisme peut devenir une chose présente sur la terre. Il tue tout ce qui appartient à la nature inférieure. « Et leurs corps demeureront étendus dans les places de la grande cité, qui est appelée spirituellement Sodome et Égypte, où notre Seigneur a été crucifié. » Le Christ est crucifié partout dans la nature inférieure. Là où cette nature l'emporte, tout reste mort. Les hommes couvrent de leurs cadavres les places des villes. Mais ceux qui triomphent de la nature inférieure, qui réveillent en eux-mêmes le Christ crucifié, ceux-là entendent les trompettes du septième ange. « Les royaumes du monde sont soumis à notre Seigneur et à son Christ, et il règnera aux siècles des siècles. » (XI, 15.) « Et le temple de Dieu s'ouvrit dans le ciel, et l'arbre de son alliance fut vu dans son temple. » (XI, 19.) Le vieux combat entre la nature inférieure et la nature supérieure recommence. Car tout ce que l'initié d'autrefois avait à traverser dans les cryptes des temples, se renouvelle dans celui qui marche dans les sentiers du christianisme. De même qu'Osiris était autrefois menacé par le méchant Typhon, ainsi « le vieux dragon, le grand serpent » doit être vaincu.

La Femme, l'Ame humaine enfante la science

inférieure, qui devient une puissance du mal quand elle ne s'élève pas à la sagesse. L'homme peut être séduit par ce serpent de la connaissance inférieure quand il n'éveille pas en lui le Fils de Dieu, qui écrase la tête du serpent. « Et le grand dragon, le serpent ancien, appelé le diable et Satan, qui séduit tout le monde, fut précipité en terre, et ses anges furent précipités avec lui. » (XII, 9.) On peut lire dans ces paroles ce que voulut être le christianisme : une nouvelle sorte d'initiation. Ce qu'on avait atteint dans les Mystères devait l'être sous une forme nouvelle. Car en eux aussi le serpent devait être vaincu. Les nombreux Mystères de l'antiquité devaient être remplacés par le Mystère chrétien. Jésus, en qui le Verbe s'est fait chair, devait devenir l'initiateur de toute l'humanité, et cette humanité devait devenir sa communauté mystique.

L'idéal nouveau n'était donc plus une sélection d'initiés mais l'union de tous. Dans la mesure de sa maturité, chaque homme devait *pouvoir devenir* un myste. La bonne nouvelle est annoncée à tous : celui qui a une oreille pour entendre accourt pour l'écouter et comprendre ses secrets. C'est la voix du cœur qui doit trancher la question dans chaque homme en particulier. On ne conduira plus des hommes isolés dans les temples des Mystères ; la Parole a été prononcée pour tous. Elle aura plus ou moins de force pour les uns et pour les autres ; chacun l'entendra selon ses moyens. Il dépend du Daïmon, de l'Ange qui habite la poitrine de chaque homme de décider jusqu'à quel point chacun doit être initié. L'univers tout entier est un temple de Mystères. La félicité éternelle n'est plus seulement promise à ceux qui *voient* les phénomènes merveilleux dans les temples d'initiation, phénomènes qui doivent être pour eux un gage de la vie immortelle, mais « heureux sont ceux qui n'ont *pas vu* et qui *croient* quand même ». Peu importe qu'ils trébuchent encore dans les ténèbres, peut-être la lumière viendra-t-elle un jour jusqu'à eux. Rien ne doit être refusé à personne ; la voie est ouverte pour tous.

La fin de l'Apocalypse décrit les dangers dont les puissances anti-chrétiennes menacent le christianisme et comment le christianisme en triomphe. Tous les autres Dieux sont absorbés par l'antique divinité chrétienne. « Et la ville n'a besoin ni du soleil, ni de la lune pour l'éclairer ; car la gloire de Dieu l'éclaire et l'Agneau est son flambeau. » (XXI, 23.) Le secret de la révélation de saint Jean est que les Mystères ne doivent plus être fermés. « Et il me dit : Ne scelle pas les mots de la prophétie du Livre, car la divinité est proche. »

L'auteur de l'Apocalypse nous donne à entendre ce qu'il pense du rapport de *son* Église avec les Églises anciennes. Il a exprimé son idée sur les Mystères dans un mystère spirituel. C'est dans l'île de *Patmos* que l'auteur a écrit ce mystère et c'est dans une *grotte* qu'il doit avoir reçu sa révélation. Ce détail indique à lui seul que la révélation de Jean représente l'initiation à un mystère.

Le christianisme est donc comme la fleur des Mystères antiques. Sa plus haute sagesse s'enfante elle-même comme un nouveau mystère dans l'Apocalypse, mais c'est un mystère qui dépasse le cadre de l'ancien monde.

Les mystères particuliers y deviennent le mystère universel.

CHAPITRE X

JÉSUS ET SON ARRIÈRE-FOND HISTORIQUE

C'est dans la sagesse des Mystères qu'il faut chercher le terrain où germa le christianisme.

Pour le faire éclore, une conviction fondamentale était nécessaire. Il fallait introduire l'esprit des Mystères dans la vie plus largement que ces Mystères eux-mêmes ne l'avaient permis jusqu'à ce jour. Or cette conviction avait de nombreux adhérents de par le monde. Il suffit d'observer à cet égard la discipline et l'attitude des Esséniens et des Thérapeutes qui existèrent longtemps avant le christianisme.

Les Esséniens constituaient en Palestine une secte fermée, dont le nombre, au temps du Christ, s'évalue à quatre mille. Ils formaient une communauté réclamant de ses membres une vie qui rapprochait l'homme de l'état divin.

L'aspirant à la communauté essénienne était soumis à un examen sévère, où l'on s'assurait s'il était mûr pour une vie supérieure. Celui qui était reçu devait traverser un temps d'épreuve. On l'obligeait à prêter un serment solennel de ne pas trahir à des étrangers les secrets relatifs au genre de vie des Esséniens. Cette vie avait pour but de refouler la nature inférieure afin que l'esprit dormant pût s'éveiller. Celui qui avait reconnu jusqu'à un certain point l'esprit caché en lui-même, montait à un degré plus élevé de l'ordre et jouissait de l'autorité naturelle qui ne découlait d'aucun signe extérieur mais de la seule valeur morale.

Les Thérapeutes d'Égypte étaient parents des Esséniens. Le philosophe alexandrin Philon donne tous les détails désirables sur leur discipline et leurs mœurs dans son traité : *De la vie contemplative* [1]. Rappelons quelques passages de cet écrit, qui donnent une idée nette de ce que fut l'esprit des Thérapeutes. « Les demeures des membres de la communauté sont extrêmement simples ; elles ne donnent que l'abri nécessaire contre l'extrême chaleur et l'extrême froid. Ces

1. La question sur l'authenticité de cet écrit doit être considérée aujourd'hui comme résolue affirmativement. Il est indiscutable que Philon a décrit la vie d'une communauté qui existait longtemps avant le christianisme. Voir MEAD, *Fragments, of a lost faith.*

maisons ne sont pas contiguës, car le voisinage n'est pas attirant pour quelqu'un qui cherche la solitude ; elles ne sont pas non plus très éloignées les unes des autres pour ne pas empêcher les rapports familiers qui sont chers à la communauté et pour qu'ils puissent se porter secours les uns aux autres dans une attaque de brigands. Dans chaque maison, il y a un lieu consacré, appelé temple ou monastère. Dans cette salle, dans cette chambre ou dans cette cellule, ils poursuivent *les secrets de la vie supérieure*... Ils possèdent les livres d'anciens écrivains, qui ont jadis guidé leur école et qui leur ont laissé beaucoup d'explications sur la méthode en usage dans les écrits allégoriques... Leur interprétation s'attache au sens profond des récits allégoriques. »

On le voit, il s'agit ici de la généralisation d'une méthode cultivée dans le cercle plus étroit des Mystères. Mais naturellement, par cette vulgarisation, la sévérité des Mystères avait été affaiblie. — Les communautés des Esséniens et des Thérapeutes forment la transition naturelle des vieux Mystères au christianisme. Seulement la réforme dont les Thérapeutes et les Esséniens firent une question de secte, le christianisme voulut en faire une question d'humanité. Cette extension, nécessaire pour tout le développement humain, n'en devait pas moins devenir, pour les temps ultérieurs, la cause d'un affaiblissement plus grand encore de l'initiation.

L'existence de telles sectes rend la personnalité de Jésus compréhensible. Elles offraient la possibilité à un homme doué des plus hautes facultés spirituelles de les traduire en forces vivantes. Le but d'une telle communauté est d'éveiller en chaque homme la puissance divine et de la conduire au degré qui correspond à sa qualité d'âme. Une nature de Bouddha se distingue de celle d'un homme ordinaire en ce qu'elle se trouve à un degré supérieur d'évolution dans la vie de l'âme. Elle entre dans la vie avec un plus grand héritage ; elle a un plus grand nombre d'ancêtres spirituels, ou de personnalités antérieures. Elle est née avec des facultés plus hautes, développée en des vies précédentes. La croyance à la transmigration des âmes est la supposition indispensable à un genre de vie comme celui des Esséniens et des Thérapeutes. L'âme supérieurement évoluée montera à un degré supérieur de la hiérarchie régnante. Elle deviendra un initié dans un sens plus élevé. Une nature de Bouddha se développe toujours dans une communauté de ce genre. Les conditions indispensables pour la découverte d'une nouvelle personnalité bouddhique se rencontraient donc à l'origine du christianisme. Dans une communauté d'Esséniens, le Logos pouvait être fait chair, c'est-à-dire devenir une personnalité et habiter en elle. Jésus était la plus haute personnalité qui pouvait sortir de l'Essénianisme. Il voulut faire du caractère fondamental de l'Essénianisme une question d'intérêt général pour l'humanité tout entière. Par cette revendication, Jésus devint le fondateur du christianisme. Par leur vie et leur initiation les Esséniens affirmaient déjà que la religion est une chose indépendante des formes extérieures. A cette revendication Jésus en ajouta une autre en affirmant que tout l'effort humain devait se concentrer sur le culte de l'âme, afin que ceux-là même qui ne menaient pas la vie sévère des Esséniens pussent atteindre la spiritualité dans une certaine mesure. « Le royaume de Dieu n'est ni ici, ni là, s'écrie Jésus. Il est au-dedans de vous. » Cela veut dire : Vous pouvez, sans être Esséniens, arriver à la conviction de la vérité du Divin. Cette conviction est le principal. Celui qui l'a, saura, trouvera Dieu *partout*. Quand on possède cette conviction, il suffit d'ouvrir les yeux pour apercevoir le Divin dans l'univers entier. « N'achetez-vous pas deux passereaux pour un denier. Et pourtant il n'en tombe pas un sur la terre sans la volonté de votre Père ; en vérité, je vous le dis, tous les cheveux de votre tête sont comptés. »

CHAPITRE XI

DE L'ESSENCE DU CHRISTIANISME

Un fait capital nous explique ce qui dut se passer dans l'âme des premiers confesseurs du christianisme et les impressionner profondément.

Les initiés antiques, eux aussi, avaient connu le Dieu, la Parole, le Logos éternel, mais il ne leur était apparu qu'en esprit dans les ténèbres mystérieuses du sanctuaire. Par contre, quand les chrétiens parlaient du Logos, ils ne pensaient qu'à son incarnation humaine. Avant cela, on n'avait aperçu le Logos, en sa manifestation terrestre, que par les divers degrés de la perfection dans l'homme. On avait observé les différences délicates et intimes de la vie spirituelle dans les personnalités les plus diverses.

On y pouvait voir de quelle manière et jusqu'à quel degré le Logos devenait vivant dans les personnalités qui cherchaient l'initiation. Un degré plus élevé de l'initiation signifiait un degré plus élevé de la vie spirituelle. On en cherchait les débuts dans une vie antérieure, et l'on considérait la vie présente comme un stage préparatoire des degrés supérieurs de la vie future. Tous les vrais initiés avaient affirmé la conservation de la force spirituelle de l'âme et de l'éternité de cette force dans le sens de la doctrine secrète des juifs (livre du Zohar). « Rien ne se perd dans le monde, rien ne tombe dans le vide, pas même la parole et la voix des hommes ; tout a sa place et sa destination. » La personnalité n'était qu'une métamorphose de l'âme se développant de personnalité en personnalité. Une vie de la personnalité humaine n'était que l'anneau d'une immense chaîne qui allait en arrière et en avant.

Ce Logos en évolution incessante en des millions de personnalités humaines a été détourné et concentré par la conception chrétienne sur l'Unique personnalité de Jésus. La force divine éparse dans le monde entier fut ramassée en un seul. Aux yeux de cette conception, Jésus est le seul homme devenu Dieu. Il a pris sur lui la divinisation de toute l'humanité. On chercha en lui ce que précédemment on avait cherché dans sa propre âme. On arracha à la personnalité humaine ce que jusqu'à ce jour elle avait trouvé en elle-même de Divin pour le personnifier en Jésus. Ce n'est pas le principe éternel de l'âme qui triomphe de la mort et s'éveille en la Psyché divine par sa propre force ; c'est Jésus, le Dieu unique, qui apparaîtra et réveillera les âmes des morts au Jugement Dernier.

Il s'en suivit qu'on donnât un tout autre sens à la personnalité humaine.

On lui avait pris son double divin, son noyau éternel, son immortelle essence. Il n'en restait que la personnalité humaine. Au risque de nier l'Éternité, il fallait accorder l'immortalité à cette personnalité terrestre.

Ainsi *la foi en la métamorphose éternelle de l'âme* fut remplacée par *la foi en l'immortalité personnelle.*

La personnalité humaine acquit par là une importance infinie parce qu'elle fut la seule chose qu'on retint de l'homme.

Désormais, il n'y a plus de barrière entre la personnalité humaine et le Dieu infini. Il faut se mettre avec lui en un rapport immédiat. On n'était plus capable de se diviniser plus ou moins : on était simplement un homme mis en rapport avec Dieu, directement mais extérieurement. Ceux qui partageaient encore l'ancienne conception du monde païen devaient trouver dans cette vue une note nouvelle et troublante. Ils connaissaient la méthode des Mystères. S'ils voulaient devenir chrétiens, ils devaient se mettre en règle avec l'ancienne conception. Ceci pouvait les exposer aux luttes d'âme les plus difficiles et les plus dangereuses. C'est par les voies les plus diverses qu'ils cherchèrent la conciliation entre l'ancienne et la nouvelle conception du monde. Les écrits des premiers siècles chrétiens reflètent cette lutte. Cela autant du côté des païens attirés par la grandeur du christianisme que du côté des chrétiens qui ne voulaient pas rompre avec la méthode des Mystères. Le christianisme sort ainsi lentement des Mystères antiques. Les uns exposent des convictions chrétiennes dans la langue des Mystères ; d'autres habillent la sagesse des Mystères d'un vêtement chrétien.

Clément d'Alexandrie (mort en 219 après J.-C.), auteur chrétien qui avait reçu une éducation païenne, nous en fournit un exemple : « Dieu ne nous a pas défendu de nous reposer du bien accompli en célébrant le sabbat. Il a permis à ceux qui peuvent les saisir de prendre part aux secrets divins et à la lumière sainte ; *il n'a pas révélé à la foule ce qui ne lui convient pas ; il a jugé convenable de le révéler à un petit nombre, qui peuvent comprendre le grand secret et développer en eux-mêmes ce que Dieu, l'Inexprimable, a confié à son Logos et non pas à la lettre.* — Dieu a donné à l'Église des apôtres, des prophètes, des évangélistes, des pasteurs et des docteurs pour l'achèvement des saints, pour les œuvres de son service, pour l'édification du corps du Christ. » Les personnalités d'alors cherchent par les sentiers les plus divers la voie qui va des conceptions antiques à la conception chrétienne. Et celui qui croit être sur la bonne voie appelle les autres des hérétiques. Au milieu de ces discussions, l'Église se fortifie comme institution sociale. Plus sa puissance s'accroît et plus les décisions des conciles prennent la place de l'investigation personnelle. A l'Église de décider qui s'écarte trop loin de la vérité divine gardée par elle. De plus en plus, l'idée de *l'hérétique* étrangère à l'antiquité, prend forme et consistance. Aux premiers siècles du christianisme, la recherche de la voie divine resta plutôt une question personnelle ; elle cessa de l'être plus tard. Mais il fallut à la primitive Église un long chemin *au rebours de l'initiation* pour que fût possible la conviction de saint Augustin : « Je ne croirais pas à la vérité des Évangiles si l'autorité de l'Église catholique ne m'y forçait pas. »

La lutte entre la religion des Mystères et la

religion chrétienne reçut une empreinte particulière des sectes et des écrivains gnostiques. Il faut ranger dans la catégorie des Gnostiques tous les écrivains des premiers siècles qui cherchaient dans la doctrine chrétienne le sens profond et et spirituel[1]. On comprend ces gnostiques quand on les considère comme saturés de l'ancienne sagesse des Mystères et préoccupés de comprendre le christianisme à leur point de vue. Le Christ est pour eux le Logos. Comme tel il est de nature spirituelle. Par sa nature primordiale, il ne peut pas entrer dans l'homme du dehors. Il faut qu'il soit éveillé dans l'âme. Mais il faut que le Jésus de l'histoire soit en rapport avec ce Logos. Telle était la question capitale chez les Gnostiques. Un tel pouvait la résoudre d'une manière, un tel d'une autre. La doctrine essentielle et commune à tous les Gnostiques était que, pour arriver à la véritable intelligence de l'idée du Christ, la tradition historique était insuffisante, qu'il fallait en chercher le fond dans la sagesse des Mystères ou dans la philosophie néo-platonicienne puisée à la même source. Les Gnostiques avaient confiance dans la sagesse humaine et la croyaient capable d'enfanter dans

1. On trouve un brillant tableau du développement de la Gnose dans le livre cité plus haut de M. MEAD, *Fragments d'une foi perdue*.

l'initié un Christ d'après lequel on pouvait mesurer le Christ historique.

A ce point de vue, la doctrine enseignée dans les livres du soi-disant Denys l'Aréopagite est d'un intérêt particulier. Sans doute, il n'est fait mention de ces écrits qu'au sixième siècle. On les attribuait à un certain Dionysius qui doit avoir été le premier évêque d'Athènes. Mais peu importe l'origine historique de ces écrits. Ce qui nous intéresse le plus, ce n'est pas de savoir où et comment ils ont été rédigés, mais qu'ils contiennent un exposé du christianisme dans le cadre de la philosophie néo-platonicienne. La perception des choses par les sens trouble la contemplation de l'esprit. Il doit s'élever au-dessus des sens. Or l'homme tire toutes ses idées des choses sensibles. Ce que l'homme perçoit avec ses sens il l'appelle existant ; ce qu'il ne perçoit pas il l'appelle non existant. Si l'homme veut s'ouvrir une perspective réelle sur le Divin, il faut qu'il s'élève au-dessus de l'Être et du Non-Être; car, dans sa conception, le Non-Être, lui aussi, émane de la sphère sensible par antiphrase. A ce point de vue, Dieu n'est ni existant ni non existant ; il est surexistant. On ne peut donc pas l'atteindre avec les moyens de la connaissance ordinaire qui n'a pour objet que les choses existantes. Il faut s'élever pour cela au-dessus de l'observation des sens, de la logique rationnelle et trouver une issue jusqu'à l'extase mystique. De là l'homme peut jeter un coup d'œil dans la perspective du Divin sous forme de pressentiment.

Toutefois, cette divinité, qui plane au-dessus de l'Être, a enfanté le Logos plein de sagesse, le fondement de l'univers. Celui-là, l'homme peut l'atteindre. Le Logos se manifeste dans l'édifice spirituel de l'univers comme Fils spirituel de Dieu ; il est le médiateur entre Dieu et l'homme. Il peut se manifester dans l'homme à divers degrés comme il se manifeste dans l'univers par une série d'hypostases. Une institution humaine peut le réaliser en groupant dans une hiérarchie les hommes diversement imbus de son esprit. Le Logos actuel est une « Église » de ce genre : et la force qui vit en elle vivait personnellement dans le Christ fait chair, en Jésus. Par Jésus, l'Église est donc unie à Dieu ; elle acquiert en lui son sommet et son sens.

Tous les gnostiques ont vu clairement une idée principale : il fallait s'entendre sur la personnalité de Jésus. Car, autre chose est le Jésus historique, et autre chose le Christ transcendant Si l'on enlevait la divinité à la personnalité humaine, il fallait pouvoir la retrouver d'une manière quelconque. Il fallait pouvoir la retrouver en Jésus. Le myste avait à faire avec le degré de divinité qu'il trouvait en lui-même et avec sa personnalité terrestre, constituée par son être sensible. Le chrétien avait à faire avec cette même personnalité et avec un Dieu sublime élevé au-dessus de toutes les atteintes humaines. Si l'on s'en tient rigoureusement à ce point de vue, le sentiment mystique primordial devient à proprement parler impossible pour l'âme. Car le mysticisme consiste dans le sentiment et dans la sensation immédiate du Divin au fond de notre propre âme. Mais un Dieu élevé au-dessus de toute humanité ne peut jamais habiter l'âme humaine dans le sens propre du mot. La Gnose et la mystique chrétienne représentent l'effort pour s'approprier d'une certaine manière ce Dieu inaccessible.

De là devait naître un conflit. On ne pouvait atteindre en réalité que *son* Dieu à soi. Or ce Dieu est toujours un mélange d'humain et de divin, un divin parvenu à une certaine étape de l'évolution. Mais le Dieu chrétien est à la fois inaccessible, immuable et parfait. On ne pouvait donc pas l'atteindre. De là l'abîme qui s'ouvrit entre ce que l'on pouvait trouver dans l'âme et ce que le christianisme désignait comme Divin. — C'est l'abîme entre la Science et la Foi, entre la Connaissance et le Sentiment religieux.

Pour le myste, cet abîme ne peut pas exister. Car il sait qu'on ne peut atteindre le Divin que par degrés, mais il sait aussi pourquoi il ne peut pas l'atteindre autrement. Il sait que la conquête graduelle du Divin n'en est pas moins la conquête du vrai Divin, du Divin vivant dans l'univers, et que philosophiquement on ne devrait jamais parler d'un Dieu achevé, parce que la perfection elle-même est une limite.

Le myste ne songe pas à connaitre le Dieu parfait ; mais il veut expérimenter la vie divine. Il veut se diviniser en lui-même : il ne veut pas conquérir un Dieu extérieur.

L'essence du christianisme fit que sa mystique reposa toujours sur un préjugé. Le mystique chrétien veut sans doute faire descendre la divinité en lui-même, mais il n'attend pas sans idée préconçue les phénomènes qui vont se produire dans son for intérieur ; d'avance il y cherche le Dieu chrétien. Il est vrai que les mystiques du moyen âge[1] sont allés aussi loin que possible avec cette méthode, mais eux aussi vécurent leur vie spirituelle sous l'empire de cette idée préconçue.

1. Voir l'ouvrage de RUDOLF STEINER, *la Mystique à l'aurore des temps nouveaux* (*Die Mystik im Aufgange des Neuzeitlichen Geistesleben*).

CHAPITRE XII

LE CHRISTIANISME ET LA SAGESSE PAYENNE

Aux premiers temps du christianisme, on voit surgir dans le vieux monde payen des systèmes de l'univers qui semblent un prolongement de la philosophie platonicienne, mais qui peuvent être compris aussi comme une spiritualisation de la sagesse des Mystères.

Tous ces systèmes ont leur point de départ dans le philosophe d'Alexandrie, Philon.

Le processus qui doit conduire l'homme au Divin est concentré chez lui sur l'intérieur de l'âme humaine. On pourrait dire : le temple dans lequel Philon cherche son initiation est tout entier en lui-même et cette initiation consiste dans les événements de sa vie intérieure. Les événements qui se déroulaient dans les temples payens consacrés aux Mystères sont remplacés ici par des pratiques purement spirituelles.

D'après Philon, la contemplation du monde par les sens et la connaissance rationnelle par la logique ne conduisent pas au Divin. Les sens ne communiquent qu'avec le périssable. Mais il y a pour l'âme un moyen de s'élever au-dessus de ces chemins limités. Il faut qu'elle sorte de ce qu'elle appelle son « moi » ordinaire. Il faut qu'elle s'échappe hors de ce moi. Alors elle entre dans un état de ravissement spirituel, d'illumination, où elle cesse de savoir, de penser et de reconnaître dans le sens ordinaire de ces mots. Car elle s'est identifiée avec le Divin ; ils sont fondus l'un dans l'autre. Le Divin est perçu comme une chose divine et ne peut se communiquer ni par des formes-pensées, ni par des idées abstraites. Il doit être *vécu*. Et celui qui l'a vécu sait qu'il ne peut le communiquer à personne ; car la seule façon de parvenir à lui c'est de le vivre. Le monde réel n'est qu'une image, une copie de cet être qui se manifeste dans les plus profonds arcanes de l'âme comme la vie de la vie. L'univers visible est sorti du Dieu invisible et impensable. L'harmonie pleine de sagesse du monde visible, à laquelle sont soumis les phénomènes des sens est un reflet immédiat de cette divinité. C'est l'esprit divin répandu dans le monde, la raison universelle, le Logos, le rejeton, le Fils de Dieu. Le Logos est le médiateur entre le monde des sens et le Dieu inimaginable. En se pénétrant de connaissance l'homme s'unit au Logos. Le Logos se corporise en lui. La personnalité spiritualisée devient le porteur du Logos. Au-dessus du Logos il y a Dieu ; sous lui, il y a le monde périssable. L'homme est appelé à être l'anneau central de la chaîne qui les unit. Ce qui parle dans son arcane comme esprit est l'Esprit universel. Ce concept rappelle la pensée pythagoricienne.

C'est dans la vie intérieure qu'on cherche le noyau de l'Être, mais cette vie intérieure a conscience de sa valeur cosmique. Saint Augustin pensait essentiellement de la même façon lorsqu'il disait : « Nous voyons toutes les choses créées parce qu'elles sont ; mais elles sont parce que Dieu les voit. » Saint Augustin désigne encore d'une manière significative l'objet et l'instrument de cette connaissance, car il ajoute : « Parce que ces choses sont, nous les voyons du dehors ; et parce qu'elles sont parfaites nous les voyons au-dedans de nous-mêmes. »

La même idée fondamentale se rencontre chez Platon. Comme lui, Philon voit dans les destinées de l'âme humaine la conclusion du drame universel, le réveil du Dieu ensorcelé. Il décrit ainsi les actions intérieures de l'âme : « La sagesse qui vit au-dedans de l'homme marche dans les sentiers du Père et crée des formes nouvelles en contemplant les Archétypes. » Quand l'homme crée des images au-dedans de lui-même il ne se livre pas à un travail personnel. Ces formes font partie de la sagesse éternelle, elles sont la vie cosmique.

Ceci concorde avec l'interprétation des mythes populaires par les représentants des Mystères égyptiens et grecs. Le myste cherche le noyau de vérité renfermé dans les mythes. Et ce que le myste fait avec les mythes payens, Philon le fait avec la Genèse de Moïse.

Les récits de l'Ancien Testament sont pour lui les images d'événements intérieurs de l'âme. La Bible raconte la création du monde. Celui qui la lit comme une description d'événements extérieurs ne la connaît qu'à moitié. Certes il est écrit : « Au commencement Dieu créa le ciel et la terre. Et la terre était sans forme et vide, et les ténèbres étaient sur la face de l'Abîme, et l'Esprit de Dieu se mouvait sur les eaux. » Mais le vrai sens, le sens intérieur de ces paroles doit être *vécu* dans les profondeurs de l'âme. Il faut découvrir le Dieu au-dedans de nous, alors il apparaît comme « la Splendeur primordiale qui envoie dans le monde ses innombrables rayons, perceptibles non aux sens mais à la pensée ». Ainsi s'exprime Philon. Dans le *Timée*, dialogue de Platon sur *l'Ame du Monde*, se trouvent des paroles presque identiques à celles de la Bible. « Quand le Père, qui avait engendré le Tout, vit que cet Être vivant et animé était devenu une image des Dieux éternels, *il s'y complut.* » Dans la Genèse on lit : *Et Dieu vit que tout était bien.*

Pour Philon, comme pour Platon, comme pour la sagesse des Mystères, reconnaître le Divin veut dire : revivre le devenir de la Création dans sa propre âme. L'histoire de la Création et l'histoire de l'âme confluent par là en une seule et même chose. Philon est convaincu qu'on peut employer l'histoire de la Création de Moïse pour écrire l'histoire de l'âme qui cherche son Dieu. Toutes les choses de la Bible reçoivent par là un profond sens symbolique dont Philon est l'interprète. Il lit la Bible comme une histoire de l'âme.

On peut admettre qu'en adoptant cette manière de lire la Bible, Philon se conformait à un courant de son époque venu de la sagesse des Mystères. La preuve en est qu'il attribuait cette même façon d'interpréter les écritures saintes aux Thérapeutes. « Ils possèdent aussi, dit-il, des ouvrages d'écrivains anciens qui dirigèrent jadis leur école et leur ont laissé beaucoup d'explications dont ils se servent pour interpréter les écrits allégoriques. » C'est par là que Philon fut conduit au sens plus profond des récits « allégoriques » du Vieux Testament.

Qu'on se représente à quoi pouvait mener une telle exégèse. En lisant le récit de la Création, le lecteur ainsi préparé n'y trouve pas seulement le récit d'un événement extérieur, mais l'indication des voies que l'âme doit suivre pour parvenir au Divin. Il faut donc que l'âme, et en cela seulement peut consister son effort vers la sagesse, reproduise en elle-même microcosmiquement les voies de Dieu. Il faut que le drame de l'univers se déroule dans chaque âme. La vie intérieure du sage mystique est un *accomplissement* du modèle fourni par le récit de la Création. Moïse n'a pas seulement écrit pour raconter des faits historiques mais pour peindre sous forme d'images les voies que l'âme doit prendre si elle veut trouver Dieu.

Dans la vision cosmologique de Philon, tout ce développement demeure enfermé dans l'arcane de l'esprit. La parole de Dieu, le Logos, devient un événement des âmes. Dieu a conduit les Juifs d'Égypte en terre sainte ; il les a fait passer par des tourments et des privations pour leur donner ensuite la terre de promission. Chez Philon tout cela devient un processus intérieur. L'esprit qui s'est fait chair dans l'évolution cosmogonique, se refait esprit dans l'homme par l'évolution spirituelle. En ce sens, la connaissance (ou la gnose) était pour Philon et ceux qui pensaient comme lui un enfantement du Christ dans le monde spirituel. La philosophie néoplatonicienne, qui se développa en même temps que le christianisme est un développement de la pensée de Philon. Qu'on lise dans Plotin (né en 204, mort en 269 après J.-C.) les expériences de sa vie spirituelle.

« Souvent, quand je m'éveille du sommeil corporel, je me détourne du monde extérieur, et rentrant en moi-même, j'aperçois une beauté merveilleuse. Alors je suis sûr d'avoir pris conscience de la meilleure partie de moi-même. J'active ma vraie vie, je suis uni au divin, enraciné en lui. J'acquiers la force de me transporter au delà même du monde supérieur. Lorsque de ce repos en Dieu, de la contemplation de l'Esprit, je reviens à la formation des pensées, je me demande comment il se fait que maintenant je redescends et comment d'une façon générale il se fait que mon âme est entrée dans le corps, puisque par son essence elle est telle qu'elle vient de se montrer à moi. Quelle est donc, me dis-je, la raison pour laquelle les âmes quittent Dieu le Père et l'oublient, alors que cependant elles procèdent de l'au-delà et lui appartiennent et que, par cette chute, elles ne savent plus rien de Dieu ni d'elles-mêmes ? Le mal commença pour elles avec l'audace, le besoin de devenir, l'oubli même de leur essence et le désir de n'appartenir qu'à elles-mêmes. Elles eurent le désir de se glorifier et se précipitèrent dans leur désir. Ainsi elles s'avancèrent dans la mauvaise voie et en arrivèrent à la pleine décadence. Par là elles perdirent la conscience de leur origine dans l'au-delà, comme des enfants trop tôt séparés de leurs parents et élevés à l'étranger ne savent pas qui ils sont et quels sont leurs parents. » Plotin décrit ainsi le genre de vie auquel l'âme doit se conformer. « Qu'elle fasse régner le calme dans la vie du corps et dans le battement de ses vagues, qu'elle contemple le calme dans tout ce qui l'entoure : dans la terre, dans la mer, dans l'air et même dans le ciel, comme s'ils étaient immobiles. Qu'elle apprenne à observer comment l'âme se répand et se déverse pour ainsi dire par influx, du dehors, dans le Kosmos en repos, comment elle l'assaille et s'irradie en lui de tous côtés. De même que les rayons du soleil éclairent un nuage sombre et le font resplendir comme l'or, ainsi l'Ame, lorsqu'elle entre dans le corps du monde qu'encercle le ciel, lui prête la vie et l'immortalité. »

Il faut avouer que cette vision de l'univers offre une analogie profonde avec le christianisme. C'est un christianisme spirituel et intériorisé. Les adeptes de la communauté de Jésus disent : « Ce qui est arrivé depuis le commencement, ce que nous avons entendu et vu de nos yeux, ce que nous avons contemplé, ce que nous avons touché de nos mains de la Parole de Vie... nous vous l'annonçons. » On pourrait dire de même dans le sens du néoplatonisme : Ce qui est arrivé depuis le commencement, ce qu'on ne peut ni entendre ni voir, il faut le vivre spirituellement comme la *Parole de Vie*.

L'ancienne conception de l'univers se développe ainsi et se ramifie en deux branches. D'une part, elle aboutit, par le néoplatonisme et les systèmes analogues à une idée du Christ, conçu comme le Verbe universel, idée d'un caractère purement spirituel. De l'autre, elle aboutit à une fusion de cette idée du Christ avec un phénomène historique, avec la personnalité de Jésus.

On pourrait appeler l'Évangéliste Jean l'intermédiaire entre ces deux concepts de l'univers. « Au commencement était la Parole. » Jean partage cette conviction avec les néoplatoniciens.

« La parole s'est faite chair », ainsi conclut Jean et avec lui toute la communauté chrétienne. Le sens intime du processus qui montre comment la Parole seule pouvait se faire chair se trouve dans toutes les vieilles cosmogonies. Platon, considérant le macrocosme, a dit : « Dieu a étendu l'Ame universelle sur le corps du monde *en forme de croix.* » Cette âme du monde est le Logos. Si le Logos doit se faire chair, il faut qu'il renouvelle dans sa vie charnelle tout le processus cosmique. Il faut qu'il soit crucifié et qu'il ressuscite. Cette idée capitale du christianisme se retrouve dans toutes les vieilles cosmogonies comme un concept de l'esprit. Ce concept devenait pour le myste une expérience personnelle par « l'initiation ». Le Logos fait homme devait réaliser cette mort et cette résurrection comme un fait matériel ayant la valeur d'un exemple pour l'humanité entière. Cette mort et cette résurrection, qui pour l'antique sagesse s'accomplissait dans le secret des temples et dans l'arcane de l'esprit, devient pour le christianisme un fait historique. Par là le christianisme devint l'accomplissement non pas seulement de ce que les prophètes juifs avaient prédit, mais encore de la vérité transcendante préformée dans les Mystères.

La Croix de Golgotha est tout le culte des Mystères antiques ramassé en un fait.

Cette croix nous apparaît d'abord comme un symbole sacré dans l'immémoriale série des antiques religions ; elle nous apparaît enfin comme un événement unique qui prend force de loi pour toute l'humanité, au point saillant du christianisme.

De ce point de vue, l'élément mystique du christianisme peut être saisi par la raison. Le christianisme comme fait mystique est un degré d'évolution dans la sagesse des Mystères.

CHAPITRE XIII

SAINT AUGUSTIN ET L'ÉGLISE CATHOLIQUE

Toute la force du combat qui déchira les âmes chrétiennes, pendant leur passage du paganisme à la religion nouvelle, se révèle à nous dans la personnalité de saint Augustin (354-430). On jette un regard profond et mystérieux dans les luttes d'âme d'un Origène, d'un Clément d'Alexandrie, d'un Grégoire de Naziance, d'un saint Jérôme et d'autres quand on voit ces luttes s'apaiser dans l'esprit d'un saint Augustin.

Saint Augustin est une personnalité, dans laquelle les plus profonds besoins spirituels ressortent d'une nature sensuelle et passionnée. Il se développe à travers des conceptions payennes et demi-chrétiennes. Il souffre de ces doutes effrayants qui assaillent l'homme lorsqu'il constate l'impuissance de la spéculation purement rationnelle devant les problèmes spirituels et qu'il ressent le contre-coup décourageant de cette pensée : « On ne peut rien savoir ! »

La pensée de saint Augustin a pris son essor en partant d'un degré inférieur. Son imagination était si fortement attachée aux choses sensibles et périssables qu'il ne pouvait se représenter le Divin que sous forme d'images matérielles. Il éprouve une véritable délivrance lorsqu'il s'est élevé au-dessus de ce degré. Il décrit cette phase de sa vie religieuse dans ses *Confessions*. — « Quand je voulais penser Dieu, je ne pouvais me le représenter que sous forme d'immenses masses de corps et je croyais que rien ne pouvait exister en dehors de cela. C'était là la principale et presque la seule cause de l'erreur que je ne pouvais éviter. » Par là saint Augustin indique le point où doit arriver tout homme qui cherche la vraie vie de l'esprit. Il y a des penseurs qui prétendent — et ils sont nombreux — qu'en général on ne peut pas arriver à une pensée pure, libre de toute substance sensible. Ces penseurs confondent leur propre point de vue peu élevé avec les capacités humaines. La vérité est au contraire qu'on ne peut atteindre la connaissance supérieure des choses qu'après avoir développé sa pensée jusqu'au point où elle s'affranchit des choses sensibles. Saint Augustin demandait à l'univers : Où est le Divin? « J'interrogeai la terre et tout ce qui vit sur elle et elle me répondit : Je ne suis pas Dieu. Et tout ce qui vit sur elle me fit la même réponse. J'interrogeai la mer et ses abîmes et les êtres vivants qu'ils cachent et tous ils répondirent : Nous ne sommes pas ton Dieu, cherche au-dessus de nous. J'interrogeai les souffles des airs, et tout le nimbe terrestre avec ses habitants me répondit : les philosophes qui ont cherché en nous l'essence des choses se sont trompés ; nous ne sommes pas Dieu. J'interrogeai le soleil, la lune et les étoiles. Ils dirent : Nous ne sommes pas le Dieu que tu cherches. » Et saint Augustin reconnut qu'une seule chose pouvait répondre à sa question sur le Divin, à savoir sa propre âme. Elle dit : Nul œil, nulle oreille ne peut te communiquer ce qui est en moi. Moi seul je puis te le dire et je te le dis d'une manière indubitable. « Si la force de la vie réside dans l'air ou dans le feu, les hommes ont pu en douter. Mais qui pourrait douter que l'homme vit, se souvient, comprend, veut, pense, sait et juge? S'il doute, il n'en vit pas moins, il se souvient et comprend pourquoi il doute, il veut s'en assurer, il sait qu'il ne sait rien, il juge qu'il ne doit rien admettre prématurément. » Les choses extérieures ne se défendent pas quand on leur refuse l'existence, mais l'âme se défend. Pourrait-elle douter d'elle même, si elle n'était pas ? Son doute confirme son existence. « Nous sommes et nous reconnaissons notre être, nous aimons notre être et notre existence ; sur ces trois objets, l'illusion et l'erreur sont impossibles, car nous ne les saisissons pas comme des objets du dehors avec nos yeux corporels. » L'homme s'informe sur le Divin dans son âme. Saint Augustin s'était élevé au point de reconnaître cela. C'est d'une disposition semblable que naissait chez les peuples payens le désir de frapper aux portes des Mystères. Au siècle de saint Augustin, on pouvait devenir chrétien avec de telles convictions. Le Logos, devenu homme, Jésus avait trouvé la voie qui doit suivre l'âme lorsqu'elle est devenue capable de s'entretenir avec elle-même. A Milan, saint Augustin reçut, en 385, l'enseignement de saint Ambroise. Tous ses doutes sur l'Ancien et le Nouveau Testament disparurent, quand son maître lui expliqua les passages les plus importants des écritures non plus seulement d'après le sens littéral « mais en soulevant le voile mystique qui recouvre leur esprit ».

Pour saint Augustin, les secrets et les pouvoirs gardés par les Mystères antiques se corporisent dans la tradition historique des Évangiles et dans la puissance conservée par elle. Il se persuade peu à peu que « la loi de cette tradition qui consiste à *croire* ce qu'elle n'a pas prouvé, est pleine de mesure et sans malice ». Il en arrive à cette idée : « Qui pourrait être assez aveugle pour dire que l'Église des apôtres ne mérite pas de foi, alors que cette Église est si fidèle à sa mission supportée par la concordance de tant de frères, que ceux-ci ont légué si consciencieusement les écritures à la postérité et que cette Église a maintenu les chaires de la doctrine chrétienne en une série non interrompue jusqu'aux évêques actuels. »

Par une telle disposition d'esprit, saint Augustin devint le modèle de tous ceux qui, animés d'un esprit élevé, voulurent se faire membres de l'église chrétienne. Par sa nature personnelle, saint Augustin était un myste ; il déclara que l'Église était le seul temple dans lequel il fallait recevoir l'initiation. L'Église devint le détour par lequel l'âme humaine devait arriver à « l'initiation ». Les disciples pénétrés de son esprit cessèrent de chercher une expérience personnelle du Divin. Le désir personnel devait trouver son contentement en abdiquant devant le trésor de vérités divines conservées par l'Église. « Quel bonheur, quelle jouissance durable du bien suprême et véritable s'offre à nous, quelle sérénité, quel souffle d'Éternité ! Mais comment l'exprimer ? Cela fut dit autant qu'on peut le dire par ces âmes grandes et incomparables auxquelles nous concédons qu'elles ont vu, qu'elles voient encore... Nous arrivons à un point où nous reconnaissons combien est vrai ce qu'on nous a ordonné de croire, combien salutairement nous avons été élevés par notre mère *l'Église* et quelles vertus découlent de ce lait que l'apôtre Paul a offert aux petits... »

Par là le Divin cessa d'être une expérience immédiate, une chose personnelle et vécue. L'individu eut beau s'enfoncer en lui-même : le Divin qu'il y pouvait trouver désormais n'était qu'un reflet terrestre de cette vérité enseignée par l'Église. Dès lors, la vérité divine fut reléguée dans une perfection infinie et inapprochable. Quant à l'homme, il demeurait emprisonné dans sa personnalité terrestre. A quelque hauteur qu'il s'élevât, tout ce qu'il pouvait atteindre n'était plus que de la science humaine. La pleine vérité ne pouvait plus être créée immédiatement dans l'intérieur de l'âme. Tout ce que l'âme crée de son propre fond (sans son *Daïmôn* ou son Génie supérieur) est lié à la personnalité. Cela est terrestre. Le myste au contraire vivait et reconnaissait dans son expérience mystique un degré du Divin. L'échelle des degrés de la connaissance fut effacée [1].

A partir de ce moment, le Divin lui-même flotta dans un lointain inapprochable. On ne pouvait plus le reconnaître, on ne pouvait plus le vivre, il fallait *le croire* sur l'autorité de l'Église. « Je ne croirais pas à la vérité de l'Évangile si l'Église catholique ne m'y forçait pas, » dit saint Augustin. Par là la contradiction entre *la foi* et *la connaissance* fut érigée en dogme. Cette contradiction devint le point de vue de l'Église. Saint Thomas d'Aquin (1227-1274) l'a exprimée dans ses écrits de la manière la plus diverse. Le savoir humain peut arriver jusqu'au point atteint par saint Augustin dans la connaissance de lui-même, jusqu'à la certitude du Divin. Quant à l'essence du Divin, c'est la sainte théologie qui le donne à l'Église ; et elle le donne sous forme d'une foi élevée au-dessus de toute connaissance.

1. Il importe de remarquer ici que cet effacement est le fait de l'Église et non pas du maître Jésus. Jésus avait établi dans sa communauté une hiérarchie de l'initiation entre la masse des fidèles, les soixante-dix et les apôtres. Parmi les apôtres eux-mêmes, on remarque une différence de degré entre les neuf et les trois disciples préférés, Pierre, Jacques et Jean. Ajoutons que Jean, « le disciple que Jésus aimait, » parvint par son intimité particulière avec le maître à un degré d'initiation très supérieur à celui des deux autres et qu'il peut être considéré, grâce à l'Évangile qui s'inspira de sa tradition et à l'Apocalypse, comme l'ancêtre de tout l'ésotérisme chrétien. — Note du traducteur.

On peut étudier l'origine de cette doctrine dans la théologie de Jean Scot Érigène, qui vécut au neuvième siècle à la cour de Charles le Chauve, et qui forme la transition naturelle entre les croyances des premiers temps du christianisme à la *Somme* de saint Thomas d'Aquin. Cette conception de l'univers se tient dans le cadre du néo-platonisme. Scot Érigène a développé à sa manière, dans son œuvre, les doctrines du soi-disant Denys l'Aréopagyte. Cette doctrine partait du Dieu élevé au-dessus de tout ce qui est sensible et périssable et en fait dériver le monde. L'homme est compris dans les métamorphoses de ce Dieu, qui finit par devenir à la fin des temps ce qu'il était au commencement. Tout retombe à la fin dans la divinité qui a passé elle-même par le processus universel. Mais la personnalité de l'homme n'est pas en rapport immédiat avec le Divin. Seul le Logos, qui s'est fait chair, l'y conduit. La foi contenue dans les Écritures qui parlent de ce Logos (de Jésus-Christ) mène au salut. La raison et l'autorité de l'Écriture sont placées sur le même niveau ; il n'y a pas de médiation entre la *Foi* et la *Connaissance*. Elles ne se contredisent pas ; mais la foi *doit* nous conduire au point où la connaissance ne pourra jamais nous élever.

*
* *

La Connaissance de l'Éternel, que les Mystères antiques refusaient à la foule, l'Église chrétienne en fit *le contenu de la foi* et le désigna comme quelque chose d'inaccessible à l'homme *par sa nature* même. Tandis que les Mystères antiques avaient placé l'Initiation et la vraie Connaissance au-dessus de la religion populaire comme l'Arcane de la Philosophie et de la Religion, l'Église fit de l'image de l'Éternel qu'elle offrait à la foule une borne de la connaissance et un signe de l'impuissance humaine à saisir l'essence de la divinité.

Dans l'histoire du christianisme, la sagesse des Mystères et le mythe populaire se confondent en une religion révélée. Le contenu de la foi et la science humaine y sont placés en deux compartiments séparés.

Le myste avait la conviction que la Connaissance du Divin était pour lui — et la foi, sous forme d'images, pour le peuple. L'Église créa cette conviction : Dieu a donné la sagesse à l'homme, par une révélation ; en la reconnaissant, l'homme reçoit un reflet de la révélation divine. — Désormais, la vérité doit appartenir à tous, mais en réalité, personne ne la possède vraiment; car il n'y a plus d'initiés. L'Église a fait sortir le mystère de l'obscurité du temple à la lumière du grand jour; mais, du même coup, elle a enfermé la révélation du temple dans l'arcane inaccessible de la foi.

Une telle situation a pu durer quinze siècles pour des raisons historiques que nous n'examinerons pas ici, mais elle ne peut durer toujours. Aujourd'hui l'Église a oublié le sens de ses arcanes et le monde a perdu sa foi. Il s'agit de savoir comment l'humanité les retrouvera. Or il n'appartient qu'à l'initiation graduée et hiérarchisée de révéler au monde toute la profondeur du christianisme et de rendre au christianisme toute sa vie.

FIN

TABLE DES MATIÈRES

6-5-08. — Tours. Impr. E. Arrault et Cie.

www.ingramcontent.com/pod-product-compliance
Ingram Content Group UK Ltd.
Pitfield, Milton Keynes, MK11 3LW, UK
UKHW021856190726
13855UKWH00001B/354

9 782012 836457